12大事件でよむ

現代金融入門

倉都康行

Yasuyuki Kuratsu

ダイヤモンド社

はじめに

この数年、メディアで「経済危機」や「金融危機」といった言葉を目にする機会が増えている、と感じる方が多いのではないでしょうか。

「リーマン危機」の嵐が吹き荒れた後には、「ドバイ危機」や「ギリシャ危機」といった文字が躍り、「ユーロ崩壊の危機」が去ったと思ったところに「新興国危機」が浮上しました。その後も、中国には不動産市場の変調、日本には国債暴落、そしてアメリカでは新たな資産バブル崩壊、といった〝危機到来〟の可能性がささやかれています。

そして私たちは今、アメリカの大胆な金融緩和政策が終局に向かいはじめた中で、ウクライナ情勢にみられるような、再び冷戦時代へと後戻りしかねない不安定な国際情勢にも直面しています。それは、今までになかったような市場の変動パターンを生むかもしれません。

本書は、そうした誰もが耳にしたことのある危機のストーリーを通して、現代までの金融の流れや今日の経済の仕組みがざっくり理解できる本を目指しました。

具体的には、世界の市場経済が本格的なグローバル化に踏み出した1971年のニクソン・ショックから、リーマン危機後の落ち着きを取り戻しはじめた最中に起きた2013年の新興国市場のパニックまで、40年余の間に起きた12のケースを取り上げています。それぞれの「危機」が、資本市場と実体経済にもたらした混乱や苦悩、その背景、政治対応や教訓などを、筆者の視点から整理してみました。

そもそも、なぜ過去の危機をひもとく必要があるのかといえば、市場に発生する危機の影響は「金融問題」にとどまらない、という厳然たる事実があるからです。

危機は実体経済に悪影響をおよぼし、海外の惨事もすぐに日本へ伝播して顕在化します。リーマン危機を挙げるまでもなく、それはしばしば、私たち個人の生活にまで侵食してきます。

そして、危機の背景には金融的要因のみならず、さまざまな国家の意図やパワーバランス、グローバル化した企業の動向などが絡み合っています。今起こっている現象を分析する際も、全体を俯瞰し、歴史を踏まえてみないと、正確な情勢はつかめません。

ですから、過去の〝危機〟といわれる事象を追っていって、その構造や対処の失敗を考えることは、金融関係を生業としない人にとっても、経済の本質を知るうえで非常に大切だと考えます。

では、なぜニクソン・ショック以降の危機が重要なのでしょうか。そのヒントは、最近の経済や金融に関する危機にみられる2つの特徴にあります。

・危機が発生するインターバルが短くなっている
・資本市場や実体経済に対する影響の波及経路が、わかりづらくなっている

前者には、銀行や資産運用業といった金融セクターが保有する資産や負債が急拡大していること、そして後者には、デリバティブズや証券化などの先端金融技術が急速に発展したこと、が関係しています。そして、その2つの現象を増幅したのが、1970年代以降の国際資本市場の拡大だったのです。

だとすれば、グローバル化と金融技術の高度化が進んだ直近の数十年を十分理解しておくことこそが「現在の状況と課題」を知るうえで特に重要だと考えます。

さらに、この間を振り返ると、ドルに代表されるアメリカの覇権が世界経済に大きな影

響を与えつづけていることがわかります。欧州諸国や新興国、そして日本も、そのパワーに振り回されてきたことは事実です。ただし、そうした構造が今後徐々に変化していくこともあり得るでしょう。

そんな経済の「血液」である金融の流れを知り、今後を見通す基盤を得ることは、どんな業界で働く人にも欠かせない素養なのではないでしょうか。

1979年、海外に憧れて当時の外国為替専門銀行である東京銀行に入行し、のちにアメリカの銀行に転職した筆者は、本書で取り上げた危機のほとんどに、仕事として直接・間接に関わってきました。

ディーラー時代は、英語にも四苦八苦したロンドンに始まり、東京、ニューヨーク、そして香港のディーリング・ルームの大喧噪に巻き込まれながら、独立して国際金融市場を分析する立場となってからは、スクリーンや海外メディアそして旧友らからの貴重な情報を通して、各国市場での危機を観察してきました。

40歳代にチェース・マンハッタンのマネージングディレクターを務めた際には、世界のトップ・プレーヤーと仕事をする幸運に恵まれました。間近で見た彼らの思考・行動様式は、筆者の考え方にさまざまな意味で少なからず影響しています。ですから本書は、学問的というより、あくまで実務家として見聞きしたり考えたり、あるいは悩んだりした「現実的な視点」に立っています。

また近年は、大学院や大学で授業を持つ機会を時々いただくようになりました。教えるのはあまり得意ではありませんが、将来を背負う若者たちと接する中で、従来のようなプロ向けの情報分析だけでなく、より若い方や金融関係以外の方に、自分の経験や知見について、反省も含めて伝えるべきではないのか、という思いを強くしています。それが、本書を執筆する際に絶えず心がけた点でもありました。

ただし、つぶさに市場経済を観察しながら抱くのは、金融にはあまり学習効果が効かない、という認識です。経済社会は何度も危機に直面し、そのたびに教訓を得たはずなのに、数年後にまた似たような危機を繰り返している――この事実に対して、資本主義というメカニズムが危機の連鎖を生む必然性を抱えている、という仮説も持っていますが、私たちはそれでも金融機能を捨てるわけにはいきません。この「金融のジレンマ」と付き合っていくほかないのです。

今日の資本システムにあっては、政府や中央銀行、民間金融機関などが、それぞれ十分なセーフティ・ネットの供給体制や高度なリスク管理の技術を備えています。将来の市場経済の色彩は、それほど陰鬱だとは思いません。

もとより完璧なリスク回避体制は望むべくもなく、常に新しいタイプのリスクにさらされるのが、市場経済の宿命ともいえるでしょう。逆説的にいえば、「リスク」があるからこそ「成長機会」がある。それは、人生と似ているのかもしれません。

もちろん、過去を知ったからといって、将来のリスクに完璧に対応できるわけではない、というのも人生と同じです。しかし、何も知らないよりは、何かを知っていたほうがずっと有利です。

将来の資本システムの旗手となる皆さんが本書を手に取って、人びとがつい忘れてしまいがちな「何か」を学び取ってくれることを、心から願っています。

12大事件でよむ現代金融入門——[目次]

第3章 プラザ合意の落とし物

強いドルはアメリカの国益？

第4章 ブラック・マンデーの悪夢

リスク・マネジメントの始まり

第5章 日本のバブル崩壊による痛手

邦銀の凋落がはじまった

第8章 アジア通貨危機で再び新興国の連鎖破綻

新興国リスクとドル依存体制の限界

第9章 ＩＴバブル崩壊の狂騒
「ニュー・エコノミー」という幻想と変貌する金融機関

第10章 リーマン危機に連なる〝ゲーム〟
アメリカ型金融モデルの崩壊

第1章
ニクソン・ショックの衝撃
現代経済が“金離れ”したとき

1944年 7月 ブレトン・ウッズ体制スタート
1960年 12月 ベトナム戦争（〜1975年4月終結）
1971年 8月 ニクソン声明
12月 スミソニアン協定
1973年 3月 変動相場制へ移行

1

1971年8月15日
ドルと金の交換はなぜ停止されたのか？

8月15日は、日本人にとって今も特別な日といえるでしょう。欧米の人びとの中では第2次世界大戦が終了したのは必ずしもその日ではなく、日本がポツダムで降伏文書に署名した9月2日とみなすことが多いようです。しかし、日本人が玉音放送の流れた8月15日を強く意識していることはご存知のとおりです。

その1945年から26年たった1971年8月15日、アメリカは世界に向けて「ドルと金の兌換を停止する」と電撃的に発表しました（**写真**）。いわゆる「**ニクソン声明**」です。日本時間ではすでに8月16日の月曜日に日付が変わっていましたが、中高年層の多くが、この衝撃的な日と敗戦記念日とは無関係だとわかっていても、何か因縁めいたものととらえてしまうようです。

長い歴史を通じて、通貨とは金に変換できるもの、という考え

リチャード・ニクソン（1913〜1994）
第37代大統領。ドルと金の兌換を停止し、ブレトン・ウッズ体制の幕引きを演じる。ウォーターゲート事件により、任期途中で辞任に追い込まれた。

「ニクソン声明」を伝える日本の新聞

朝日新聞

日本経済新聞

米、ドル防衛に非常措置
ニクソン大統領、衝撃の発表
10％の輸入課徴金
物価・賃金を90日凍結
金交換を一時停止
国際通貨改革求む

米、金交換を停止
輸入課徴金10％

1971年8月16日付の各紙夕刊

が定着していた中で、世界で唯一、金と自国通貨ドルとの交換を約束していたアメリカが突然、金との交換を停止すると宣言した「ニクソン声明」とその後の市場の混乱を「**ニクソン・ショック**」と呼びます。現在でも「オイルショック」や「リーマン・ショック」など、経済における想定外の出来事は「ショック」と表現されますが、このニクソン・ショックこそ、その先駆けです。そしてこの声明は、後述する**1944年以来、四半世紀にわたって続いた「ブレトン・ウッズ体制」の終焉を意味する**、重要なものでもありました。

1971年8月16日の各紙夕刊（**写真**）を見ると、朝日新聞では「米、ドル防衛に非常措置」というヘッドラインに続く「10％の輸入課徴金」という大きな見出しが目につきます。また、日本経済新聞にも「米、金交換を停止」「輸入課徴金10％」という見出しが躍っています。日本にとって最大の輸出先であるアメリカが、輸入品への課徴金を導入することが相当の衝撃であったことがうかがえます。

つまり、**当時の日本経済にとっての「ニクソン・ショック」は、金融システムの大問題というよりも、輸出が減少するのではないかという、いっそう現実的で差し迫った実体経済の問題だった**わけです。

実際にニクソン大統領が打ち出した「新経済対策」と呼ばれる政策には、景気刺激対策として、次のような種々の項目が盛り込まれていました。

・ドルと金の兌換停止や輸入課徴金10％
・物価・賃金の90日間凍結
・生計費委員会の設置
・設備投資への税額控除
・自動車消費税の廃止

・所得税減税の前倒し導入
・同年度の連邦歳出削減　など

なかでも世界が目を見張ったのは、やはり「ドルと金の兌換停止」でした。

この声明の直後、欧州諸国は混乱を回避するために為替市場を閉鎖します。それまで金との交換性を保っていた唯一の通貨であるドルが、もはや金と交換できないとあっては、ドルへの信頼が揺らぐのは当然でしょう。市場を開ければドル売りが殺到するのは目に見えていたことから、欧州各国は市場閉鎖を決断したのでした。

その一方で、日本は市場を開いたままにしました。東京市場は予想どおりドル売りの嵐が吹き荒れました。この措置は、当時の大蔵省が輸出業者を救うために、できる限り1ドル360円でドルを売れるように配慮したためだった、ともいわれています。

猛烈なドル売りの嵐に応えた結果、日本の外貨準備は前年の43億ドルから一気に146億ドルへと3倍以上増えました。そして8月28日には、ついに日本政府も固定相場の維持を断念し、1949年から続いてきた1ドル360円の時代は、幕を閉じることになったのです。

2 ドルが主役になった ブレトン・ウッズ体制を振り返ろう

ドルと金の交換が停止されたということは、アメリカにせっぱつまった理由があった、ということです。それを知るため、もう少し時代をさかのぼってみましょう。

時計の針を、第２次世界大戦の終焉が迫っていた１９４４年７月にまで巻き戻し、視線の先をアメリカのニューハンプシャー州北部にあるリゾート地「ブレトン・ウッズ」の舞台に転じてみます。

すでに日本は敗色濃厚で、本土防衛のためにマリアナ沖やサイパン島での死闘を繰り広げていたころ、勝利を確信するイギリス、アメリカなど連合国側は、先行して戦後の国際経済体制の構築を始めていました。その協議の場となったのがブレトン・ウッズであり、連合国45カ国から約７３０名が参加していました。

同地で議論された主なテーマは、１９３０年代の大恐慌を招いたブロック経済など保護主義的な経済体制への反省に基づく、世界経済の安定化を目指す制度設計でした。大きくいえば、世界銀行（国際復興開発銀行。以下、世銀）とＩＭＦ（国際通貨基金）という２つの組織設立です。前者は戦後の経済復興に向けて長期的資金を援助する機関として、後者は為替相場の安定化を図るために短期的資金を供与する機関として、それぞれ設立されました。こうした体制は、「**ブレトン・ウッズ協定**」として１９４５年に発効されます。

ニクソン・ショックに関わるのは、このうちのＩＭＦです。ＩＭＦ協定は１９４７年３月に発効されましたが、その国際通貨制度の設計をめぐる議論の中で、イギリスとアメリカが正面衝突することになったのは、よく知られています。

世界中央銀行のような性格を持つ組織の下で「バンコール」という新たなバスケット通貨制度の導入を主張するケインズ（イギリス）と、ドルを中心とする基金という新たな通貨秩序をつくり出そうとするホワイト（アメリカ）が真っ向から激論を交わしたすえ、その軍配は経済的な勢いで圧倒するアメリカに上がりました（**写真**）。

ここに、**従来の金を絶対的な国際通貨とする体制から、金とドルを両軸とする通貨制度への移行が正式に決定**されることになっ

ジョン・メイナード・ケインズ（1883〜1949・右）と、ハリー・デクスター・ホワイト（1892〜1948・左）
ケインズは20世紀最大の経済学者のひとりといわれ、有効需要の原理に基づいてマクロ経済学を確立。ホワイトは、ルーズベルト政権時、モーゲンソー財務長官の下で財務次官補を務めた。

たのです。その具体的内容は、金1オンスを35ドルに設定し、ドルを唯一金と交換可能な通貨とするものでした。いわば、金とドルとが東西の横綱に並ぶ「金・ドル本位制」です。それは、経済力の飛躍的拡大に比例するように金がアメリカに集中した現実を、追認する制度でもありました。

ほかの通貨は、ドルとの交換比率が固定化され、変動率は上下1％未満とすることが定められました。たとえば、日本円は1ドル360円という平価に固定され、変動率は上下0・5％と設定されました。いわゆる「固定相場制度」です。

この制度の下、戦後の不景気にあえいでいた各国は、経常赤字をIMFによるファイナンスで支援されるとともに、各国が保有するドルはいつでもアメリカが金との交換に応じることで、為替相場の安定化が図られるものと期待しました。もっともアメリカによるドルの金兌換は、1934年の金準備法に「財務長官の判断でいつでも停止できる」と付されていたのですから、世界を揺るがせたニクソン声明は、単にその例外措置の発動にすぎなかったのです。

3 ベトナム戦争でアメリカが受けた本当の痛手

ブレトン・ウッズ体制の構築は、ほぼアメリカの狙いどおりに進んだといえるでしょう。19世紀から世界の基軸通貨として貿易決済の大半に使用されていた英ポンドは、徐々にドルにその座を脅かされ、1950年代には、ついに準備通貨トップのシェアを奪われました。

ただし、アメリカの目算が大きく狂ったのは、ベトナム戦争介入の泥沼化です。

1954年のジュネーブ協定でフランスからの独立を果たしたベトナムは、北緯17度で暫定的に分断された南北を、2年以内に選挙を通じて統一することになっていました。ですが、その協定に参加しなかったアメリカは、意向の通じる傀儡《かいらい》政権だった南ベトナムを「固定化」する方針へと傾いていったのです。

その外交戦略は、南ベトナムにおける反米闘争に火をつけ、1960年の南ベトナム民族解放戦線の設立と同時に、本格的な内戦突入へ背中を押してしまいます。それが、**南を支援するアメリカと北を援護するソ連（当時）の代理戦争へと発展していったのは、冷戦構造の必然**でもありました。

アメリカは、ジョンソン大統領の時代に北爆開始など積極的な介入方針を採っていましたが、その後戦争が長期化し、かつ泥沼化したために、結果的に巨額の財政支出を強いられることになりました。それは、米軍の増強状況をみれば一目瞭然です。1961年には1000人に満たなかったベトナム戦争向けの兵力数は、1966年には30万人以上にも膨れ上がっていました。

その結果、第2次世界大戦後に急減し、朝鮮戦争で再び増加に転じていたアメリカの軍事支出は、このベトナム戦争でさらに増加して、GDP比約10%規模にまで達していました。ベトナム作戦への支出額も1967年には年間200億ドルを超え、国防費のほぼ半分を占めるようになっていたのです。最終的にアメリカがこの戦争から手を引いたのは、約15年を経た1975年のサイゴン陥落の日でした。

ブレトン・ウッズ体制が崩れた理由として、ベトナム戦争によってアメリカ経済が疲弊したから、という説明もよく聞かれます。でも実際には、この軍事支出増は短期的には経済活動を活発化させる結果をもたらしてもいたのです。1960年代は景気対策として、減税や設備投資への税控除、減価償却期間短縮などの政策が打ち出されてはいましたが、**軍事支出の増加もまた間違いなくアメリカ経済の拡大に追い風**となっていました。

ただしそれは必然的に、輸入増を通じた貿易黒字の縮小と、国債発行増によるインフレ率上昇をもたらします。それが、健全だったアメリカ経済の姿を急速に変えていきます。

一方で、着実に経済回復を果たしたのが欧州経済でした。

第2次世界大戦の主戦場となってすっかり疲弊していた欧州は、アメリカによる支援や戦後経済の復調の中で徐々に経済の安定性を取り戻し、1958年にはイギリス、ドイツ、フランスなど15カ国が通貨の交換性を回復します。それはブレトン・ウッズ体制の大きな成果でした。

アメリカが底なし沼のようなベトナム戦争に引き込まれていく中で、欧州諸国は生産性を回復して競争力を高め、金や外貨準備を増やしはじめていきました。それが世界の経済構造の変質を促し、各国の金準備にも顕著な変化がみられるようになります。端的にいえば、**アメリカから欧州諸国へと金が流出しはじめた**のです。

4 ドル不安はどのように高まっていったのか

1940年代には、世界の6割以上の金がアメリカにありました。前述のとおり、ブレ

図1-1　米国の金ポジション推移

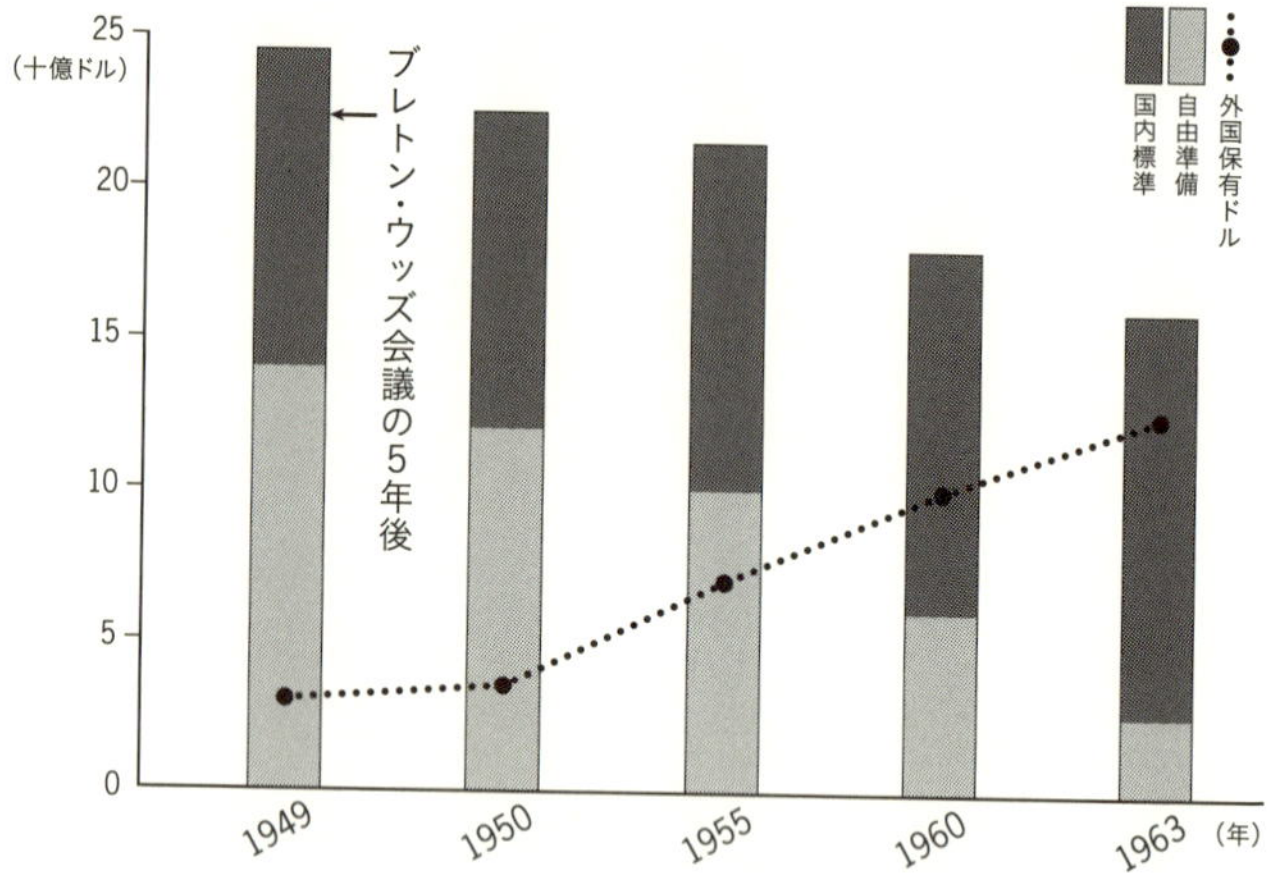

トン・ウッズ体制は、そのアメリカに集中する金準備を土台にして設計された制度です。しかし、アメリカで中央銀行の役割を担うＦＲＢ（米連邦準備制度理事会）の統計によれば、１９５０年代には２００億ドル相当以上あったアメリカの金準備は１９５８年以降次第に減りはじめ、１９６３年には１５０億ドルにまで減少してしまいました。

唯一金と交換可能な通貨を持つ**アメリカの金準備は、国内通貨に対する準備と、外国通貨に対する自由準備の2つ**に大別されます（**図表1－1**）。仮に、金準備が１００億ドルあっても、国内準備として80億ドル必要であれば、海外保有のドルを金に交換する要求に対して応じられるのは20億ドルというわけです。

たとえば、ブレトン・ウッズ会議の5年後に当たる1949年時点のアメリカの金保有高245億ドルのうち、国内準備が105億ドル、つまり海外の要求に応じられる自由準備は140億ドルでした。当時、外国通貨当局が保有するドル資産は29億ドルにすぎなかったことから、アメリカはいつでも金との交換に応じられる余裕があったのです。

しかし、そうした横綱相撲も、長くは続きませんでした。軍事支出や経済援助など政府部門の赤字増加によってドルが海外に流出し、金保有高は急速に減少していったからです。それにともない自由準備が減少する一方で、海外諸国のドル保有高が増えていきました。ついに1959年には、アメリカの自由準備75億ドルに対して海外当局のドル資産が91億ドルと、逆転してしまったのです。

もちろん、欧州諸国がすべてのドルを金に交換しようとするわけではないので、このシステムが一気に崩れることはありません。ですが、1960年代にいわば「マイナスの金準備」が100億ドルを超えるようになると、欧州諸国はドルに対する不安を抱きはじめました。

工業製品の競争力を強める欧州は、1951年の欧州石炭鉄鋼*共同体の発足以来、1957年の経済共同体や原子力共同体など

欧州石炭鉄鋼共同体
1952年に、第2次世界大戦後の欧州の平和維持と経済復興を目的として発足した経済協力機関。石炭と鉄鋼の開発・運営を6カ国（西ドイツ、フランス、イタリア、ベルギー、ルクセンブルク、オランダ）共同で行うことで合意、のちの欧州連合の母体となる。

の組織化を通じて、アメリカ経済の強力なライバルと化していきました。金のフロー変化は、そんな欧米経済力の相対性を反映していたのです。

こうしてアメリカ国外で「ドルの過剰」が認識されるのにともなって、ますます「ドル不安」は高まっていきました。ベルギー生まれの経済学者ロバート・トリフィンは1960年の著書『金とドルの危機』の中で、特定国の通貨に依存する金本位制（すなわち、金ドル本位制）の下で、基軸通貨の供給とその信用の維持は両立し得ない点を論じています。いわゆる「**トリフィンのジレンマ**」です。

つまり、**アメリカが経常赤字でドルを垂れ流さない限り国際的な流動性は保てない一方、そうした状況が続けばドルの信認は低下してしまう、という矛盾**を指摘していたのです。その構造的な不安の中で、特にフランスのドゴール大統領がアメリカに対して執拗に、保有するドルを金へ交換するよう迫ったことはよく知られています。最終的にニクソン大統領が1971年8月15日に決断を下した直接のきっかけは、盟友であるイギリスが20億ドル程度の金への交換を要求してきたことだった、といわれています。

5

察知していた欧州と、蚊帳《かや》の外だった日本

英知を集めて構築されたブレトン・ウッズ体制により、通貨システムがひとまず安定化していたことで、各国はその制度の永続性を過大に評価し、信じすぎてしまったのかもしれません。しかし、すでに１９６０年代にはドル不安が高まり、システムの脆弱性は日増しに強くなっていきました。ドル不安を通じた金価格の上昇という現象も観測されはじめていました。

そんな状況で、**アメリカの金兌換停止という決断が、本当に世界にとって「寝耳に水」だったかは疑わしい**ところです。特に欧州諸国が、ドル交換要請に対するアメリカの消極的対応に不信感を募らせていたことは間違いありません。

たとえば、１９６１年に設立された「金プール制」という制度があります。これは欧米７カ国が手持ちの金をプールして、ロンドンの金市場の操作を通じて金価格の安定を図ろうとしたものであり、明らかにブレトン・ウッズ体制の脆弱化をサポートする仕組みでした。

おそらく欧州勢は、この「金プール制」を通じて、金ドル本位制という通貨制度の崩壊

図1-2　ハリスの錬金術

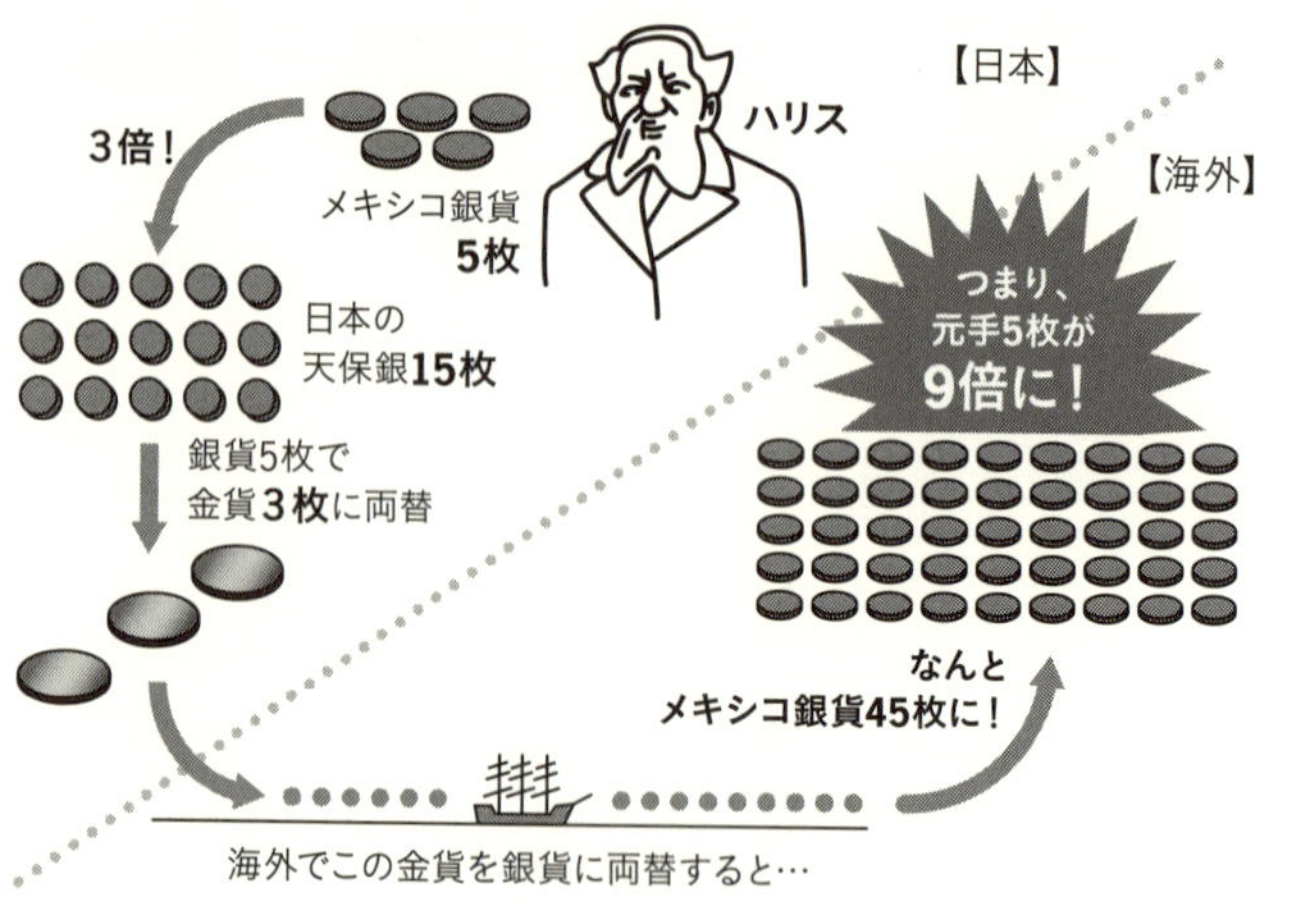

は時間の問題、ととらえていたと考えられます。

残念ながら、極東の敗戦国であった日本にはこうした制度への参加機会すらなく、金融情報戦で大きく後れを取っていたようです。

ちなみに、**江戸末期にも日本は国際金融に関する情報戦争で一敗地に塗《まみ》れています**。それは金・銀の交換比率に関するもので、総領事のハリス*はこの仕組みを使って個人的に蓄財した、とも伝えられています。

上の**図1-2**を見てください。本来1対1の関係にあったはずのメキシコ銀貨

ハリス
タウンゼント・ハリス。アメリカの外交官。1858年に日米修好通商条約を締結して、初代駐日公使となった。

と日本の天保一分銀の関係を、ハリスは「銀の含有量」をもとに1：3にしようと主張して、これを幕府に認めさせました。以来、アメリカはメキシコ銀貨1枚を、天保一分銀3枚に両替できるようになりました。

当時、日本国内の金銀比率は「1：5」だったことから、メキシコ銀貨5枚で得た天保一分銀15枚を両替すると、金貨3枚が手に入ります。それを海外に持ち出して、当時の海外レートだった「1：15」で両替すれば、もとのメキシコ銀貨は9倍の45枚になる計算です。日本から金が大量に流出したのは無理もない話でした。

そこには、本位貨幣（一定量の貴金属を含む貨幣）と名目貨幣（法律により価値が付与された貨幣）との相違に関する認識の混乱と、国内レートと海外レートの違いが生む裁定取引[*]に対する無警戒さが見て取れます。こうした「マネー情報戦の敗戦」で得た教訓を、脆弱化していくブレトン・ウッズ体制下で生かせなかったことは、本当に残念です。もっとも金融情報収集力の弱さは、現在もそれほど変わっていないかもしれません。

当時、このあたりの事情に通じていたのは、帰国子女で英語に堪能だった大蔵省国際金融局長の柏木雄介[*]ひとりだった、ともいわれています。国際金融はそもそも欧州に始まり、その後アメリ

裁定取引
2つの市場間に生まれる割高・割安の価格差がいずれ解消することを期待しながら、売買を通じて収益機会を探る取引。アービトラージ取引とも呼ばれる。

柏木雄介
横浜正金銀行に勤めていた父の転勤にともない、少年時代をロンドンやニューヨークで過ごした。語学が堪能で、大蔵省きっての国際金融専門家と呼ばれていた。

力を巻き込むかたちで大西洋を中心に発展したので、日本が出遅れたのもやむを得ない面はあるでしょう。だからといって、人材の層の薄さを放置すればするほど、巨額の資本がうごめく世界では決定的な弱点になってしまいます。

今後さらにグローバリゼーションが進行する中で、国際金融の知識が必須となるのは、金融機関や資産運用業界だけではありません。政治の世界や企業経営においても、世界的な金融情報分析を避けては通れない、と肝に銘じなければなりません。

6 スミソニアン協定後の変動相場制は理想的か

一般的に、自国通貨を切り上げれば外貨と交換できる自国通貨が減少するのですから、輸出には不利となります。たとえば1ドル360円の時代に、1000ドルで売れた商品の円手取り額は36万円ですが、仮に1ドル300円に切り上がれば、手取り額は30万円に減ってしまいます（図1－3）。36万円の売上を守ろうとすれば、値上げするしかありません。そうなれば、競争上不利になることは明らかです。もっとも、輸入の場合は逆に支払う円金額が減少するので、輸入品は安くなります。

図1-3　通貨の切り上げと切り下げ

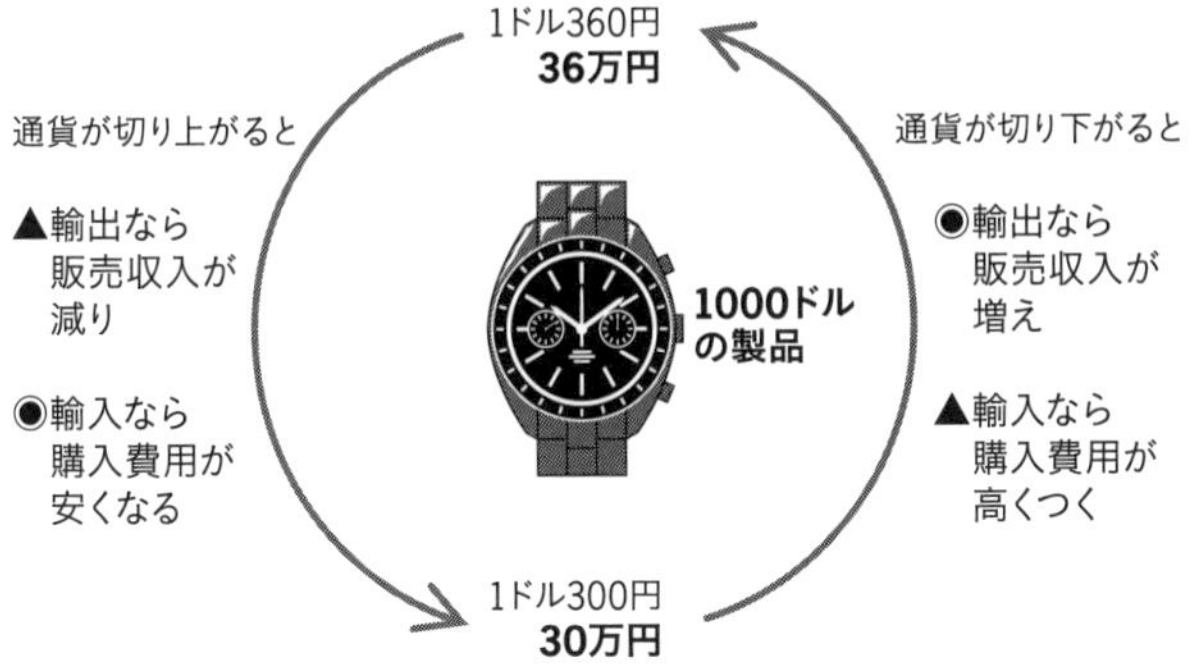

一方、通貨切り下げの場合は、それとまったく逆で、輸出が有利になり輸入は不利になります。アベノミクスで大幅な円安になった際に、自動車など輸出企業の利益が増大し、食品やガソリンなど輸入価格が上昇したことは、その一例です。

さて、ニクソン・ショックの後、新たな水準での固定相場制への復帰が議論されました。その回答が、1971年12月に、アメリカのワシントンD.C.にあるスミソニアン博物館で合意された「**スミソニアン協定**」です。

そこでは、金兌換停止のまま各国通貨をドルと交換する場合の新たなレートが確認され、円は16・88%切り上げられて1ドル＝308円となりました。西独マルクや仏フラン、蘭ギルダーなど欧州通貨も、切り上げた水準で米ドルとの為替レートが決められました。なかでも切り上げ幅が最大だったのが円でした。

それぞれ通貨の変動幅は上下2・25％に設定され、金価格も1オンス＝38ドルに切り上げられました。これで新たな固定相場制度に戻れると期待されましたが、アメリカが金とドルの交換を復活させない状況下では、不安定な相場推移が続くことになります。最初の投機のターゲットになったのは英ポンドでした。

スミソニアン協定で8・57％切り上げられたポンドには、当初から過大評価が指摘されていました。ポンドへの売り圧力が増すと、介入に耐えられなくなったイギリスは1972年6月に変動相場制に移行しました。そして投機の矛先は、ポンドから米ドルへと向かいはじめたのです。こうなると、スミソニアン体制の維持は難しくなるばかりです。

1973年にはイタリアの二重相場制への移行を契機に、スイスが介入を停止、円も変動幅に収まらなくなって変動相場制へと移行するなど、通貨体制の綻びが拡大しました。最終的には同年3月に、ドイツなど主要国も変動相場制への移行に踏み切ったのでした。その結果、スミソニアン体制は1年半ももたずに幕を下ろすことになりました。

当時、変動相場制をあくまで暫定的措置と位置づけ「いずれは固定相場制に戻るべき」という考え方が根強かったのに対し、現実には21世紀以降も変動相場制が継続されていま

図1-4 国際金融のトリレンマ

どれを選択するか	日英米	ユーロ圏内	中国
固定相場	×	○	○
自由な資本移動	○	○	×
独自の金融政策	○	×	○

す。それは、〝国際金融のトリレンマ〟としても知られているように、「固定相場制、自由な資本移動、独自の金融政策」をすべて成立させることはできないからです。**日米英などは自由な資本移動と独自の金融政策を確保するために、固定相場制を放棄**している（図1－4）のです。

これに対しユーロ圏は、共通通貨ユーロの導入という固定相場の導入と自由な資本移動を選択して、各国は独自の金融政策を放棄しました。また中国は、従来の固定相場と独自の金融政策の下での資本規制から、変動相場制への移行による資本の自由化へとモデル・チェンジしようとしています。

ニクソン・ショックは、固定相場の仕切り直し（スミソニアン協定）を経て、変動相場制を生み出しました。その制度は現代にまで受け継がれていますが、市場に水準決定を委ねる方法が決して理想的なシステムとして認知されているわけではありません。たとえば、ブラジルやインド、中国などの新興国は、急激な資本の流出入を回避しようとして、一時的に資本規制による為替変動抑制策を採ることが少なくありません。また先進国においても、輸出競争力を高めるために、為替介入や金融政策を通じた自国通貨安誘導を行う例が、今なおみられます。

金との交換性を断ち切り、固定相場を断念したことは、当時として大きな決断であったことは間違いありません。結果的にその英断が、１９７０年代以降の世界経済の成長に貢献したことも事実でしょう。しかし、40年以上が経過した今なお、為替相場に関する各国の不平・不満は収まらないのです。通貨制度や為替レートに関わる問題が新たな金融危機の種にもなり得ることは、次章以降でみていきます。

第1章のポイント！

ニクソン・ショック：アメリカの財政収支や経常収支が悪化し、ドルの信頼が揺らぐ中、ニクソン大統領がドルと金の兌換停止を突然発表したことで、ドル売りが殺到し、外国為替市場が大混乱に陥った。唯一金との交換を認めたドルを主軸とするブレトン・ウッズ体制は、このとき30年弱の歴史に終わりを告げた。

● ニクソン声明の背景には、アメリカのベトナム戦争介入の泥沼化に端を発する国際収支や財政収支の悪化や、第2次世界大戦で疲弊した欧州が経済回復を果たしてきたことがあった。結果として、アメリカから欧州諸国へ金が流出しはじめ、ドル不安が高まった。

● 欧州諸国がアメリカの金兌換停止という決断をうすうす察知していたのに対し、日本はそうした情報をほとんど感知できていなかった。国際的な金融情報収集力を高めることは、今なお日本の課題である。

● ニクソン・ショック後のスミソニアン協定により、金兌換停止のまま新たなドルとの交換レートが定められたが1年半ともたず、主要国は変動相場制に移行した。今も変動相場制が継続されているが、為替レートをめぐる問題はくすぶりつづけている。

解説コラム

為替相場

普段私たちが目にする為替相場といえば、1ドル当たり何円かを示す「ドル・円」のレートです。それは日本の貿易や対外投資の大半がドル建てであることを考えれば自然なことですが、世界の為替市場を俯瞰すれば、最も取引シェアの多いのは「ユーロ・ドル」という、ユーロとドルの取引です。国際決済銀行（BIS）の統計によると、2013年における「ユーロ・ドル」取引のシェアは24.1%で、「ドル・円」は18.3%の第2位、次いで「ポンド・ドル」の8.8%となっています。

通貨別でみると、ドルのシェアが43.5%と圧倒的であり、次いでユーロが16.7%、円が11.50%、英ポンドが5.9%となっています。これは、各国が保有する外貨準備シェアとの相関の強さを示しているようです。また、ここ数年間の変動をみると、豪ドルや中国・人民元のシェアが増え、ポンドやスイス・フランのシェアが低下していることが注目されます。

今後も為替市場ではドルの主役が続きそうですが、世界経済の変化を追うためには「ドル・円」以外の動きにも目配りしておきたいものです。

第2章

中南米危機にみる累積債務問題の重石

原油が世界をかき回す

1960年	OPECが石油価格の決定力を奪取
1973年	第1次オイルショック
1979年	第2次オイルショック
1981年	ポーランドが債務不履行を表明（リスケジュール案件計13件）
1982年	アルゼンチンが債務不履行を表明 メキシコが債務のリスケジュール要請
1983年	ブラジルが対外支払いの全面停止（リスケジュール案件計31件）
1985年	ベイカー構想公表
1987年	ブラジルがモラトリアム宣言
1989年	ブレイディ構想公表（適用第1号はメキシコ）
1993年	ブラジルがブレイディ構想導入（〜2007年に終了）

1

1982年8月17日 メキシコ発！ 新興国危機の共通点

中南米諸国が欧米から独立しはじめたのは19世紀のことです。アルゼンチンが1810年にスペインからの自治を宣言して1816年に独立したのを皮切りに、1821年にメキシコがスペインからの独立を果たし、翌1882年にはブラジルがポルトガルから独立しました。

当時はイギリスを中心に「対外投資熱」が過熱していて、次なる有望な投資先として、続々と独立するそれら中南米諸国に注目が集まりました。ただしそれは、**投資拡大と信用崩壊という21世紀まで連綿と続く「中南米危機」の幕開け**でもあったのです。

中南米諸国は、1820年代、1870年代、1930年代とほぼ50～60年おきに金融危機を体験してきたのですが、1980年代にも大きな難局を迎えます。その**発端となったのが、1982年のメキシコによる債務のリスケジュール（債務返済期限の延長）要請**でした。これは、その後多くの国々に波及し、かつ解決に長い時間を要した「累積債務問題」の幕開けとして、きわめて重要な意味を持っています。

1982年8月17日、メキシコは「外貨準備が払底した」と表明し、IMFやBIS(国際決済銀行)、そして国際銀行団に対して、債務返済の繰り延べと新規融資の要請を行うと発表しました。同国はマイナス成長やインフレ率上昇、経常収支の悪化といったファンダメンタルズの悪化を受けて、同年2月にペソを大幅に切り下げるなど、すでに対外債務の返済負担に耐えられない状況に陥っていたのでした。

メキシコは緊急経済再建計画を策定するのと並行して、銀行債権団からリスケジュールへの合意や、BIS、FRB*からのつなぎ融資、およびIMFからの融資などを取りつけて、対外債務の再編に着手しました。

同年4月に、イギリスとフォークランド紛争*を戦ったアルゼンチンも経済が急速に悪化し、翌1983年にはブラジルが対外支払いの全面停止を発表するなどして、世界の金融市場を震撼させたのです。

ブラジルは、高度成長のモデルとして中南米を代表する国でした。景況感の悪化はすでに確認されていたものの、難局を乗り切れるだろうという期待感が金融界には強かっただけに、世界に与えたショックは小さくありませんでした。結果的に同国は、

FRB(連邦準備制度理事会)
アメリカの中央銀行組織。全米12地区にある連邦準備銀行を統括し、年間8回行われるFOMC(連邦公開市場委員会:FRB議長が議長を務める)にて決定される金融政策を実施する。ただし12地区のうちニューヨークは別格扱いで、NY連銀総裁はFOMCの副議長を務めることになっている。

フォークランド紛争
1982年3月から3カ月間、イギリスとアルゼンチンの間でフォークランド諸島の領有権をめぐって起こった紛争。イギリスが勝利し、当時人気が低落中だったサッチャー首相の支持率が急回復することとなった。

図2-1　主なソブリン・デフォルト一覧

1980年	スリランカ、ボリビア、ペルー
1981年	ポーランド、ルーマニア、中央アフリカ
1982年	メキシコ、アルゼンチン、エクアドル、ナイジェリア、トルコ
1983年	ブラジル、チリ、パナマ、フィリピン、モロッコ、ザンビア ウルグアイ、ベネズエラ、コートジボアール
1984年	エジプト
1985年	ペルー、アンゴラ、南アフリカ

1000億ドル近い巨額の対外債務を抱えながらその元利支払いを停止し、1990年代まで延々と続く「累積債務問題」の主役となったのです。

　1980年代前半に、対外債務で苦しんだのは中南米諸国だけではありません（**図2－1**）。欧州ではメキシコより1年早い1981年にポーランドが債務不履行《デフォルト》に陥り、アジアでは1983年にフィリピンがデフォルトしています。

　これらの国々は当時「発展途上国（Less Developed Countries）」と呼ばれていましたが、現在では「新興国（Developing Countries）」という表現が一般的でしょう。

　1970年までは順調に発展していた経済が、1980年代に入って歩調を合わせるように急速に悪化したことは、それぞれの開発モデルに個別の構造的問題があっただけでなく、それが崩れた原因に共通性があったと考えられます。

後で詳述しますが、そこには、石油価格の急上昇にともなうインフレ率の加速、その必然的結果としてのアメリカの高金利政策、新興国の輸入額と金利支払い額の急増、外貨準備の急減、そして成長率の急低下といった一連の要因が絡み合っていました。

結局、「ドル」という通貨をベースとした、新興国をめぐる古くて新しい金融構造問題なのです。21世紀にほぼ同様なかたちで危機が反復されることになったことにも注目しておくべきでしょう。

2 奇跡を遂げたブラジル・モデルの挫折

ここで、累積債務問題の当事者に焦点を当ててみていきます。代表例としてブラジル経済を取り上げますが、規模やタイプの違いこそあれ、ほかの新興国でも同様の工業化政策が展開され、対外借入れが増加していったのです。

ブラジルは1968～1973年の6年間、「ブラジルの奇跡」と呼ばれる驚異的な経済成長を遂げました。国内総生産は毎年ほぼ2ケタの上昇率となり、輸出は1968年の19億ドルから1973年には62億ドルまで伸びました。1968年にはわずか2・5億ドル程度であった外貨準備も、1973年には64億ドルまで急増したのです。

対外債務も38億ドルから125億ドルまで3倍以上に膨らみましたが、豊富な外貨準備と力強く伸びる輸出に、欧米銀行界は大きな信頼を寄せていました。もっとも、この高度成長期を牽引した動力は、輸出よりも自動車や家電などに代表される「輸入代替」としての国内耐久財の生産と消費です。その投資を支えたのは、外貨借入れの主体となっていた政府でした。

この**政府主導の内需型成長構造は「ブラジル・モデル」と呼ばれました**。耐久財の生産主体は欧米などの外資系企業と国営企業であり、消費の中心は国内の新興富裕層でした。そして金融面では、外貨借入れの窓口になっていた政府が国営銀行を通じて設備投資における大半の信用供与を行っていたのです。

しかし、後述するオイルショックの影響により、1973年以降の石油価格上昇が、輸入増を通じて同国に大幅な貿易赤字をもたらしました。これは、海外からの借入れ増に直結します。ブラジルの対外債務は1年間で約40％も急増してしまったのです。

1973年以降、先進国は軒並みスタグフレーション（不況と物価の連続的上昇）の渦に巻き込まれていきましたが、ブラジルにはまだ「奇跡」の余韻が残っていました。1974年から始まる第2次国家開発計画も策定されており、急増する産油国の石油代金が米銀などを経由して同国に流れ込んできたことも手伝って、投資を縮小するという判断には至らなかったのです。

実際に1974～1978年の5年間も、「奇跡」の時代にはおよびませんでしたが平均して8％近い成長率を維持していました。もっとも、その前の6年間との大きな違いは、対外債務の増加ペースです。1973年には125億ドルであったその債務額は、1978年には435億ドルと3倍以上に膨らんでいたのです。

1979年はブラジル経済にとって大きな転換点となりました。**約50％上昇した原油価格は同国の輸入額を大幅に増加させ、さらに、FRBによる引き締め政策が支払利息の金額を膨張させることになった**のです。

大量のドル資金借入れを行っていたブラジルが、20％を超えるような短期金利上昇の直撃弾を受けた痛手の大きさは、容易に想像できるでしょう。金利のネット支払額は、1978年の27億ドルから、1982年には113億ドルまで4倍以上に跳ね上がりました。その結果ブラジルは、輸出で稼いだ外貨のほぼ半分を利払いに充てなければならない状況に陥ってしまったのです。

国が銀行などから借入れを行う場合、金利は3カ月、あるいは6カ月のLIBOR《ライボ》（ロンドン銀行間取引金利）にスプレッド（金利差）を上乗せする変動金利方式が一般的です。国債発行の場合は固定金利で調達することが多いのですが、銀行借入れは短期金利に連動する変動型が一般的です。短期金利の急騰が命取りになったのは、こうした金利決定方式も影響していました。

こうして新興国の星だった「ブラジル・モデル」は挫折し、アルゼンチンやメキシコに次いで、1983年にはブラジルもIMFからの新規借入れや国際銀行団と既存債務のリスケジュールの交渉を開始するに至ったのでした。

3 新興国危機の背中を押したオイルショックとオイルダラー

すでに述べたように、累積債務問題の背景として見逃せないのが、1970年代に2度にわたって起きた「**オイルショック**」です。これは、戦後経済に大変化をもたらした要因として、前章の「ニクソン・ショック」とともに特筆されるべき衝撃的な事件でした。

1973年に起きた「第1次オイルショック」と1979年の「第2次オイルショック」の2つを総称して「オイルショック」と呼んでいますが、その伏線として重要なのは、サウジアラビアが中心となって**1960年に結成されたOPEC***（石油輸出国機構）が、**石油価格決定の主導権を欧米から奪取した**ことでした。

第2次世界大戦後、急増する石油需要の価格決定権を持っていたのは「セブン・シスターズ」と呼ばれた大手国際石油資本7社（石油メジャー）でした。彼らが積極的な油田開発を進め、価格を段階的に引き下げるなど、石油消費国の利益を反映する方針を採ったことから、産油国の不満や反感が次第に強まっていきます。

OPECが石油メジャーと共同で価格決定を行うようになったのは1971年ですが、翌年には石油採掘事業の権利が産油国に移譲されることが決まり、価格決定力も徐々にOPECへと移りはじめていきました。

そして、1973年10月に第4次中東戦争が起きると、OPECはイスラエルを支持するアメリカなどへの対抗措置として、石油価格を1バレル3・0ドルから5・12ドルへ引き上げると発表し、翌年1月には再び11・65ドルへと引き上げました。これを「第1次オイルショック」と呼んでいます。

さらに、1979年にはイラン革命でイランの石油生産が停止

OPEC（石油輸出国機構）
イラン、イラク、クウェート、サウジアラビア、ベネズエラの産油国5カ国が、欧米の石油カルテルに対抗して1960年に結成した組織。現在の加盟国は12カ国。

図2-2　石油価格が新興国に影響する2つのルート

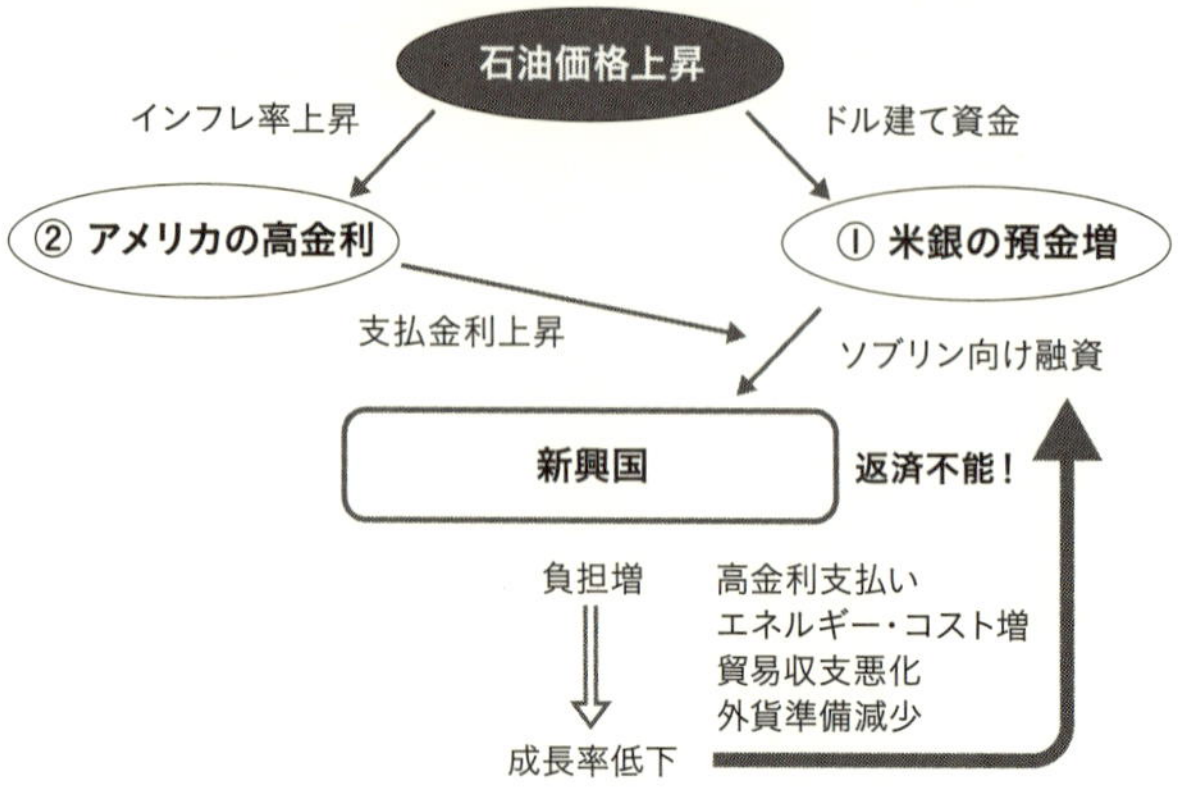

したことを受けて、ＯＰＥＣは再び石油価格引き上げを決定、翌年には1バレル28ドルまで引き上げられました。これが「第2次オイルショック」です。１９７０年代は、日本を含む石油消費国の先進国経済が、高いインフレ率と景気後退が併存する厳しいスタグフレーションに見舞われた時代でした。

このオイルショックがブラジルなどの輸入額を急増させたことは述べましたが、石油問題はほかに、2つのルートで累積問題に深く関わっています（**図2－2**）。ひとつは、いわゆる「オイルマネー」です。石油価格の引き上げによって、中東をはじめとする産油国に巨額のドル資金が蓄積されたことです。

国内にそれほどの資金需要がない産油国は、

そのドルを米銀に預金しました。預金が増えた米銀は貸出先を見つけなければなりません。現代の感覚なら、国債を買うという安易な選択肢が思い浮かぶかもしれませんが、当時の銀行は伝統意識に従って優良な融資先を求めました。

当時の**米銀が目をつけたのは、開発投資資金を求めていた中南米や東欧、アジアなど内国資本の乏しい国々**でした。なかでもブラジルは、当時最大の融資機会として銀行界の注目を一身に集めていたのです。

オイルマネーの影響は、米銀にとどまることがありませんでした。世界にあふれ返る「オイルダラー」は、イギリスに生まれた「ユーロ・ダラー市場」を通じて、欧州や日本の銀行にも流れ、主要銀行は競って途上国や新興国への融資を開始したのです。

銀行団が寄り集まって共同で融資を行う「シンジケート・ローン（協調融資）」が華やかになったのもこの時代のことでした。当時、外国為替専門銀行として世界各国への融資を急拡大していた東京銀行は、1978年にシンジケート・ローン組成額で欧米大手銀行をさしおいて世界一になったこともあります。

「企業がつぶれることはあるが、国はつぶれない」と言い放ったのは、当時シティコープのリストン会長でした。しかし、数年もたたないうちに、その発言がまったくの的外れであったことが判明するのです。

4

債務危機に拍車をかけたもうひとつの石油問題

オイルショックと累積債務問題を結ぶもうひとつのルートは、金融政策です。

金融政策とは、中央銀行が行う政策金利の調整のことです。中央銀行の主な使命は物価の安定を図ることであり、経済が過熱気味になって物価が上昇しはじめると、金利を引き上げます。これを「引き締め政策」と呼んでいますが、「インフレ対策」という言葉で説明されることもあります。

逆に景気が悪化してくれば、中央銀行は金利を引き下げて経済に刺激を与えます。これが「緩和政策」と呼ばれるものです。金利が低下すれば、企業や家計はより資金を借りやすくなり、投資や消費が増えることが期待されるのです。

従来は、「公定歩合」という中央銀行が民間銀行に貸し出す際の金利を上下させることが金融政策の中核でしたが、現在主要国では銀行間の短期金融市場における翌日物金利を政策金利とし、誘導目標を決定しています（ただし、日銀は2013年以降、金融政策目標を金利ではなくマネタリー・ベースという量に変更しています）。

さて、石油価格が上昇すれば、たちまちその影響はほかの商品や製品に波及します。石油の調達を全面的に輸入に頼っていた日本は、特に激しい物価上昇に見舞われました。1974年には消費者物価指数が前年比23％にまで跳ね上がり「狂乱物価（当時の福田首相が命名）」と呼ばれるようになりました。トイレットペーパーや洗剤などが買い占められ、スーパーなどの商品棚から消えてしまった話は、現在まで語り継がれています。

一方、アメリカで物価上昇に弾みがつきはじめたのは、第2次オイルショック後のことでした。1960年代からFRBが雇用拡大のために緩和的な金融政策を続けていたところにオイルショックが重なり、アメリカのインフレ率は急上昇しはじめます。前述したニクソン大統領による物価・賃金統制の導入が失敗し、そのタガが外れたことで反動的に物価が急上昇するといったオマケもつきました。

そこに登場したのが、後日「インフレ・ファイター」として喝采を浴びることになるボルカーFRB議長（**写真**）です。消費者物価指数が2ケタの上昇率を続けるさなか、1979年8月に就任した同議長は、徹底した引き締め政策を採用しました。具体的

ポール・ボルカー（1927～）
カーター、レーガン政権下の第12代連邦準備制度理事会（FRB）議長。インフレ・ファイターとして高金利政策を堅持、物価上昇率の封じ込めに成功した。

には「新金融調節方式」と呼ばれる、マネーサプライ（通貨供給量）をターゲットとした金融政策でした。

その結果、アメリカの政策金利である短期金融市場の「フェデラルファンド・レート（FF金利）」は、20％水準に急騰したかと思えばその数カ月後には11％まで低下するといった、まるでジェットコースターのような激しい動きとなりました。市場には金利見通しがまったくつかめない不安感が強まりましたが、最終的には高金利が物価上昇を抑制し、1980年には12％を超えていたインフレ率が、1983年にはなんと3％台にまで低下したのでした。

ただし、その強引なまでの引き締め政策の副作用は小さくありませんでした。アメリカ国内では失業率が約11％に達するなど厳しい不況となり、FRBや同議長には相当な政治圧力がかかりました。ボルカー議長がインフレ鎮静化の政策を貫徹できたのは、レーガン大統領からの厚い信認を得ていたおかげだった、とのちにバーナンキ前議長は述懐しています。

2度にわたる**オイルショックは、オイルダラーというかたちでまず「新興国への資金流入」を促しましたが、その後は原油価格の上昇で「貿易収支の悪化」をもたらし、インフ**

レ対策としての高金利政策によって「利払い不能の状態」をつくり上げてしまったのでした。

各国の債務危機の主因がそれぞれの経済政策にあったことは確かですが、その危機を演出した石油（産油国）とドル（アメリカ）の存在を忘れるわけにはいきません。

この高金利は、中南米を中心に債務返済を著しく困難にさせたのと同時に、新興国融資で収益の半分以上を稼いでいた大手米銀をも厳しい経営環境に追い込んでいきました。累積債務問題は、同時に銀行問題でもあったのです。

5 ブラジルが強気にモラトリアム宣言できた理由

新興国の債務残高は、1兆ドル近くに急増していました。1981年の段階で世界各国ではすでに13件の（返済を遅らせる）リスケジュール案件が発生していましたが、1983年にはそれが31件に増加し、結果的には合計50カ国が債務返済繰り延べ交渉のテーブルにつくこととなりました。

当初、アメリカ政府や銀行界はこれを流動性危機とみなした対策を講じましたが、その緊急対策的な個別対応策はうまく機能しませんでした。なぜなら、この累積債務問題が新興国の構造問題だったためです。

事態を憂慮したアメリカのベイカー国務長官（当時。写真42ページ）は、１９８５年10月の世銀・ＩＭＦ総会で抜本的な改革が必要との認識の下で、中長期的な構造改革のための支援強化の必要性を謳《うた》い上げます。

その柱となったのが、次の３つの具体策でした。

① 債務国による構造調整政策の採用
② ＩＭＦや世銀などの支援額を年間60億ドルから90億ドルに増加
③ 民間銀行による3年間で２００億ドルの新規融資

このベイカー構想では、それまでの**ＩＭＦ主導の緊縮政策による経済再建ではなく、経済成長による対外債務問題の解消という路線が選択**されました。今風にいえば、財政健全化か経済成長かという二者択一の中で後者を採用した、というわけです。

しかし、国際機関は別として、中南米諸国の債務返済能力を疑問視する民間銀行は、その提案どおりに動いてくれません。特にブラジルではハイパー・インフレが進行して経済活動は停滞し、リスケジュール後も財政状態は厳しいままでした。日本に先駆けて「失われた10年」を迎えたのです。アメリカの大手銀行がベイカー構想とは正反対に融資の削減へと動いたのは、当然の経営判断でもありました。

そうした銀行の読みを裏づけるかのように、ブラジルは1987年にモラトリアム（支払い猶予）を宣言します。「累積債務問題は国内政治問題だ」と開き直ったブラジル政府は、国民の生活を犠牲にしてまでの対外債務支払いを許さなかったのです。それはポピュリズム政治が陥る常であり、「債務問題は貸し手責任」と議論をすり替えたことで、同国は再び国際金融界の不信を買うことになりました。

もっとも、**ブラジルが強気に「モラトリアム」に踏み切ったのは、元利不払いを宣言したところで、海外銀行は何の対応もできないと読み切っていたから**だ、という指摘もあります。実際に、シティコープはそのモラトリアム宣言から3カ月後に、前年利益のほぼ3倍に相当する30億ドルの貸倒引当金を計上すると発表しました。確かに、大手米銀をはじめ欧州や日本の銀行は、その宣言をただ黙って聞いているほかなかったのでした。

6 ベイカー構想後のブレイディ構想が呼んだ証券化時代

ブッシュ政権下のブレイディ財務長官（**写真**）は1989年3月に、元利減免を含む新たな処理構想を提案しました。ベイカー構想が挫折したことは明らかであり、すでに金融界では貸倒引当金にとどまらず、債務の証券化を通じた損失を計上する方向性も探りはじめていました。前年には最貧国や低所得国向けの公的債権の元本削減が合意されるなど、債務処理の性格は、徐々に「債務国の負担軽減」へと向かっていたのです。

ブレイディ構想は、「債務国は民営化などを通じて資本流入を促す」「商業銀行は債権放棄を検討する」「IMFや世銀は証券化された債務の元利保証を行う」といった柱で構成されていました。

この適用第1号となったのが、メキシコです。主要銀行など同国の債権者に与えられたオプションは、次の3つでした。

ジェイムズ・ベイカー（1930～・手前から3人目）とニコラス・ブレイディ（1930～・手前）
ベイカーは第2次レーガン政権下の第67代財務長官、ジョージ・H・W・ブッシュ政権下の第61代国務長官を務めた。ブレイディは第68代財務長官。

①　元本削減：保有額面65％相当の30年メキシコ国債（スプレッドはＬＩＢＯＲ＋13／16％）に交換する

②　金利減免：保有額面相当の同30年債（6・25％の固定利付債）に交換する

③　新規融資：保有額面25％相当の15年間の新規融資（7年間は支払猶予、スプレッドはＬＩＢＯＲ＋13／16％）を行う

債権団の選択は①と②でほぼ90％を占め、③の新規融資に応じられることはほとんどありませんでした。①と②の国債にはＩＭＦや世銀、そして日本の保証や同国の外貨準備などが信用補完に充てられていたため、銀行など債権者が③を選択しなかったのは当然のことでした。

同構想はフィリピンやベネズエラなどが相次いで導入し、1993年にはついにブラジルにも、前述のメキシコよりさらに多様化した7つの選択肢を債権団に与えるかたちで適用されました。信用補完として、表面金利がゼロのアメリカのゼロクーポン債などが組み込まれるようになりました。当時この国債は「**ブレイディ・ボンド**」とも呼ばれ、債権処理への道が開けた銀行は市場売却が可能になり、その債券は日本国内にも転売されていた

のです。

こうした債権者負担による支援の下で、累積債務問題は１９９０年代にようやく解決に向けて歩みはじめ、２００３年にはメキシコがすべてのブレイディ・ボンドを買い入れ償却しました。そしてフィリピンやブラジルなども市場買入れを行ってブレイディ・ボンドが市場から姿を消すことになったのは、２００７年のことでした。１９８２年のメキシコのデフォルト宣言以来、この問題に完全にピリオドが打たれるまで、実に四半世紀の長い月日を要したのでした。


累積債務問題は、日米欧の大手銀行にとって「ソブリン・リスクを甘くみてはならない」という大きな教訓を残すことになりました。当時のシティコープなど大手米銀は、不動産関連融資（Land）、レバレッジド・ローン（Leveraged Buyout）、そしてこの中南米など発展途上国（Least Developed Country）という「３つのL」による損失に悩まされることになり、日本では国際業務に特化していた東京銀行が損失処理に苦しんで、１９９６年に当時の三菱銀行との合併を選択する伏線にもなったのです。

しかしながら前述したように、銀行は中南米融資に関して19世紀初頭から同じ過ちを何度も繰り返しています。その意味では、**ソブリン融資には学習効果が効きにくい**ことも特筆すべきでしょう。日本の銀行（邦銀）は1990年代に、その横並び意識の強い経営姿勢を批判されましたが、途上国・新興国に対する貸付に関していえば、欧米銀行の間にも「皆で渡れば怖くない」という意識がきわめて強かったのです。

ただしこの累積債務処理を通じて得たものがあるとすれば、**銀行がみずからの融資を証券化して第三者に売却するという貴重な経験を積んだ**ことです。

証券化自体はすでにアメリカ国内で住宅ローン市場に導入されていましたが、ソブリン向けの融資を証券化したのは、ブレイディ・ボンドが初めてのケースでした。それは、1990年代以降の「証券化時代の到来」を予感させるものでもありました。

第2章のポイント！

累積債務問題：1982年のメキシコによる債務のリスケジュール（債務返済期限の延長）要請の後、次々に中南米、アジア、東欧などの国々の対外債務返済が困難になった。

● 累積債務問題の背景には、オイルショックの影響が色濃く影響している。産油国に蓄積された巨額のドル資金が米銀に預金され、開発資金を求めていた内国資本の乏しい国々に投資されていた中で、石油価格の急上昇にともなうインフレ率加速への対応としてのアメリカの高金利政策、新興国の輸入額と金利支払額の急増、外貨準備の急減と成長率の急低下などが絡み合って、危機がさらに助長された。

● 危機収拾にあたり、アメリカのベイカー国務長官はIMF主導の緊急政策による経済再建ではなく、経済成長による対外債務問題の解消を軸にしたベイカー構想を提示したが、新興国の債務返済能力を疑問視する民間銀行は意向どおりに動くことなく、同構想は挫折した。

● 続いてブレイディ財務長官が新たな処理構想を提示し、債権者としての民間銀行が損失を負担することでようやく支援策が動き出した。メキシコのデフォルト宣言以来、四半世紀を経てようやく解決に至った。

解説コラム

シェールガスとオイルマネー

今まで難しかったシェール層からのガスや石油の抽出が技術的に可能になり、最大のエネルギー輸入国であったアメリカは、今後一転して資源輸出国になるとの見方が強まっています。カナダや中国、オーストラリアなどでも生産が計画されており、シェールガスの供給増によって石油価格が頭打ち、あるいは下落へと向かう可能性も指摘されています。そうなると産油国の収入が減少して、市場におけるオイルマネーの影響力が低下することになるのでしょうか。

実は、1980年代から比べれば、オイルマネーの資本市場での存在感はかなり低下しています。オイルマネーの総額は約3.6兆ドルと、中国の外貨準備やヘッジファンドの運用総額とほぼ同水準であり、際立った存在とはいえません。最近では域内のインフラや教育・医療への投資などに振り向けられる割合が多くなってきたことも、対外投資で目立たなくなった理由のひとつです。米国債への投資額でも、産油国による保有額は日本や中国の4分の1程度となっています。

第3章
プラザ合意の落とし物
強いドルはアメリカの国益？

1977年	日米カラーテレビOMA（市場秩序維持）協定締結
1981年	アメリカでレーガン大統領就任
	日本が自動車の対米輸出自主規制を開始
1984年	日米円ドル委員会立ち上げ（合計6回開催）
1985年	中曽根・レーガン合意
	MOSS（市場志向型分野別）協議
	プラザ合意（3年にわたるドル下げの契機）
1987年	ルーブル合意（1988年～1ドル120円台の小康状態に）

1

1985年9月22日ドルの下落幅は想定どおりだったのか？

9月23日は秋分の日です。1985年の同日（月曜日）も例年どおりの祝日でしたが、東京為替市場では、休日出勤を命じられたディーラーが少なくありませんでした。その前日の9月22日（日曜日）に、ニューヨークのプラザホテルで、アメリカ、日本、西ドイツ、イギリス、そしてフランスの先進5カ国蔵相・中央銀行総裁会議（G5）が、実質的なドル切り下げで合意していたからです。

前週9月21日（土曜日）の東京市場におけるドル円仲値は241円70銭でした。9月23日は、東京が休みでも、ウェリントン（ニュージーランド）や、シドニー（オーストラリア）の市場は開いています。アジア時間の昼ごろには、欧州勢の早出組が市場に出てきますし、ニューヨークではアメリカ勢が手ぐすねを引いて待っていました。考えることは皆同じ――「ドル売り」でした。

「**プラザ合意**」と呼ばれた先進国による協調的なドル下げ宣言により、ドルは円だけでなく、他通貨に対しても急速に値を下げていきました。なかでも、**特に下落幅が大きかった**

図3--1 ドル円レートの推移

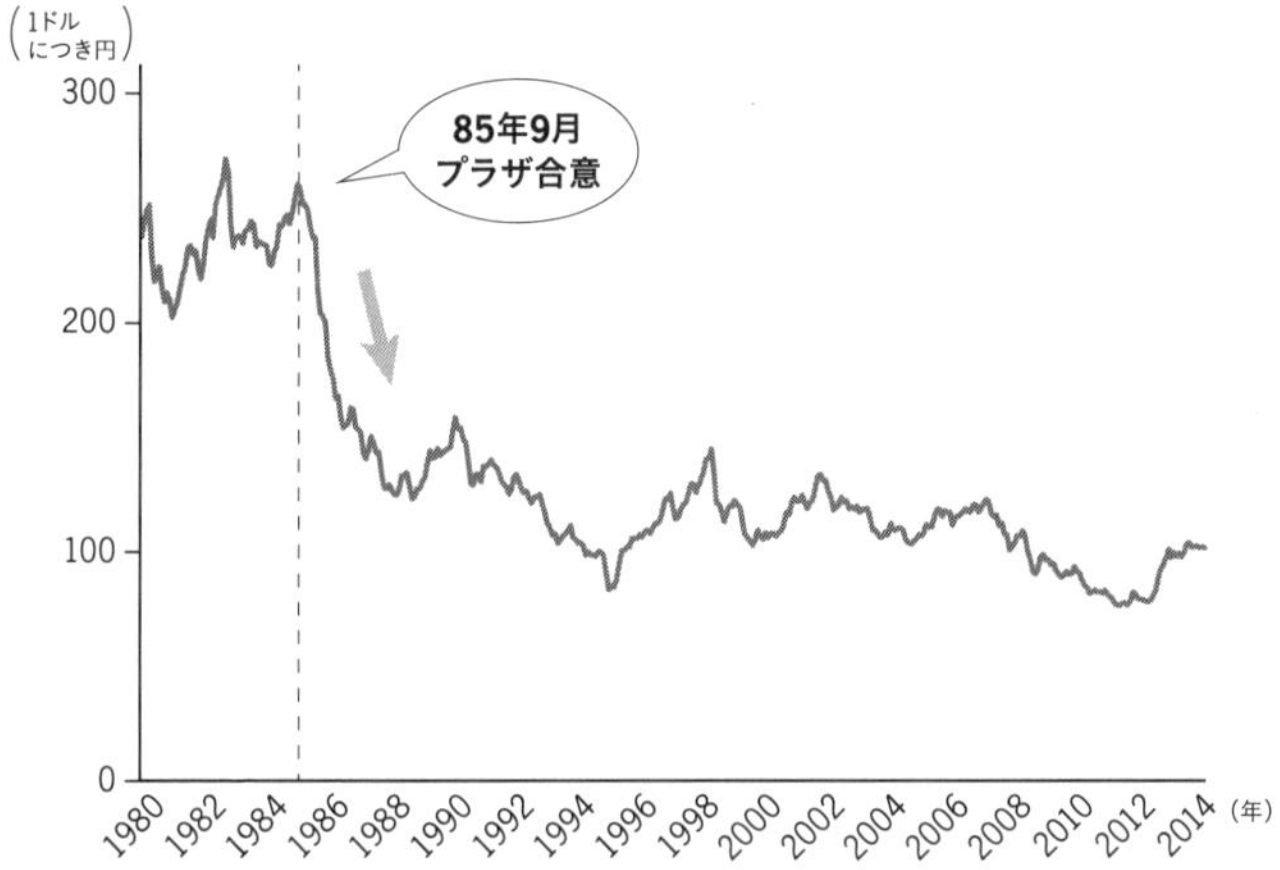

のは、その合意が切り下げの主眼とされていたドル円でした（図3－1）。

その日から1週間もたたないうちにドル円は210円台にまで下落し、年末にかけては200円近辺まで接近していきました。1986年1月に200円の大台を割り込むと、つるべ落としのようにドルは下げ止まらなくなりました。

ドルの下げすぎを警戒した日銀（日本銀行）の利下げやドル買い介入にもかかわらず、1986年7月にはドル円は150円台に達し、1971年のスミソニアン協定で設定された308円という水準のほぼ半分になってしまったのです。

逆にいえば、**ドルに対する円の価値が2**

倍になった、ということでした。ドルは、G5が想定していた以上に売り込まれてしまったのです。

1987年に入ってもドルの下落基調は変わらず、今度はG5にカナダとイタリアが加わったG7が為替相場を安定させようと「**ルーブル合意**」を発表したのですが、ドル売りの波を止めることはできませんでした。

その後、ドル円はさらに下落を続け、年末にはついに120円台に突入します。ここに至ってようやくドル売りの嵐は鎮静化し、1988年以降は120円台での小康状態となり、自律反転の過程として1989年以降、じりじりと水準を切り上げていく展開へと転じたのでした。

1985年9月に始まった先進国による「人為的なドル下げ作戦」は、当初2カ月程度を想定したプロジェクトであり、ドルの切り下げ幅の目途も10~15%程度であった、といわれています。ドルを押し下げるための為替市場への協調介入も、同年11月に行われた日米協調介入が最後でした。

しかし、「プラザ合意」に含意されたドル下げの政治的意図の余韻は、その後約3年にもわたって為替市場を支配し、各国の思惑を大幅に超えてドルが下落することになりました。それは、為替レートに関する各国協調戦略の効果がいかに大きかったかを示すと同時に、**一度動き出した為替の流れは、単なる協調介入くらいでは止められない**、という小手先の政策の限界をも明確に市場に植えつけました。

2 プラザ合意の裏にあった「レーガノミクス」

そもそも各国はなぜ、プラザホテルでこうした為替調整に合意する必要があったのでしょうか。その主人公は、やはりアメリカでした。簡潔にいうならば、アメリカがそれまで高すぎたドルを下げたかったからです。

しかし第1章で述べたとおり、アメリカはニクソン・ショックやスミソニアン協定でドルを大幅に切り下げてきたはずでした。ドルはすでに十分下落していたのではないか、と疑問を抱く人もいるでしょう。確かに、ドル円は1978年に200円を割り込んだこともありました。でも、そこから翌1979年には徐々に水準を戻し、1982年には280円近くにまで戻っていたのです。

背景には、第2章で述べたアメリカの金融政策が影響していました。すなわち、当時のボルカーFRB議長が採用した**インフレ対策としての高金利政策が、世界の資金をアメリ**

カ市場に惹きつけて、為替市場でのドル高地合いを呼び戻していたのです。

当時のレーガン大統領（**写真**）は「強いドルと強いアメリカ」を標榜して、ドル高を歓迎する姿勢をみせていましたが、実体経済においては、輸出の減少と輸入の増加を通じて貿易赤字の拡大が鮮明になっていました。戦後の積極財政や冷戦下での軍事増大など財政赤字のツケを背負って誕生した同政権は、大規模な減税による景気回復を狙いましたが税収は期待されたほどに増加せず、結果的にさらなる赤字拡大を招いたのです。

「減税が経済成長を促して税収が増える」という説は、アメリカの経済学者ラッファーが、あるレストランでナプキンに描いたといわれる曲線（ラッファー曲線）で知られています。税率はゼロから上昇すれば税収が増えますが、一定水準を超えると減少しはじめます。であれば、アメリカは税率が高すぎるので、これを引き下げれば税収が増えるだろう、とレーガン政権は目論んだもの

ロナルド・レーガン（1911～2004）
第40代大統領。減税、ドル高、軍事費拡大などの「レーガノミクス」で強いアメリカを標榜したが、結果的に経常赤字・財政赤字の「双子の赤字」を生み出すことになった。

の、それは実証分析もない空疎な理論にすぎず、実際には失敗に終わってしまいました。

1980年に700億ドルとGDP比1％程度だった財政赤字は、1984年には5％超となる2000億ドル台にまで拡大しました。そして貿易収支は、1977年に300億ドルを超える赤字となり、1984年には一気に1000億ドルを突破したのです。

経常収支は1982年に55億ドルの赤字に転落した後、1985年にはGDP比マイナス2・8％に相当する1200億ドルにまで拡大しました。こうして世界最大の債権国だったアメリカは、ついに、1986年には対外債務が対外債権を上回る純債務国に転落してしまいました。

「**レーガノミクス**[*]」で経済再建を狙った1980年代前半のアメリカは、結果的に経常収支も財政収支も赤字となる「双子の赤字」が構造的に定着し、国内では保護主義の傾向を強めていきました。その**本質的な問題はアメリカ企業の競争力低下でしたが、批判の矛先は経常黒字国であるドイツや日本に向けられることになった**のです。

すなわち、当時のアメリカは、「レーガノミクス」なる派手な謳《うた》い文句で強いアメリカをアピールしようとした政策が失敗に終わったため、その結果として生まれた不均衡問題を、対円や対マルクなどの為替レート調整で行おうとしたのでした。

レーガノミクス
1981年に就任したレーガン大統領がスタグフレーション対策として打ち上げた、大幅減税、軍事費拡大、国防以外の財政支出削減、規制緩和などを軸とする、一連の経済政策。

国内問題を対外批判にすり替えるのは政治の常套手段ですが、典型例のひとつが、この時代のアメリカでしょう。その際、輸出品のラッシュで貿易摩擦が目立っていた日本がアメリカ政府の最大の標的になったことは、国際政治力学がもたらした必然でした。

3 日米貿易摩擦の背景にあったアメリカ企業の競争力低下

第2次世界大戦が終わってしばらくたつと、それまで独り勝ちだったアメリカ経済に徐々に変化が起きはじめます。欧州や日本の経済復興により、海外製品がアメリカに流入しはじめ、海外ではアメリカ製品が売れなくなってきたのです。

日本に関してはまず繊維産業が、ついで鉄鋼産業がアメリカ市場を席巻しはじめました。1980年代には自動車やカラーテレビなどの耐久財がアメリカになだれ込んでいき、戦後の日米間の貿易収支は逆転して、日本が黒字を、アメリカが赤字を計上するようになりました。

日米間ではこうした貿易摩擦に対応するため、日米繊維協定や対米輸出自主規制などを通じて対立関係の緩和を図りました。しかし、日本からの輸出品は半導体など多岐にわたりはじめたため、2国間収支の差はますます拡大していきました。

そして、議論の力点は当初の**「日本からの輸出をいかに制限するか」から、次第に「日本によるアメリカ商品の輸入を増やす」ことに移っていきます。**プラザ合意前にはMOS（市場志向型分野別）協議が開始されて、電気通信、エレクトロニクス、輸送機器、医薬品・医療機器、林産物などの分野における市場参入障害の撤廃が議論されることになりました。

それでもアメリカには「日本脅威論」から「日本異質論」に至るまで感情的なムードが高まっており、日本が一方的に安価な製品を不当な競争条件の下で輸出している、という批判が絶えることはありませんでした。自動車産業の集中するデトロイトでは日本車を打ち壊すデモンストレーションが繰り返されるなど批判が激化し、アメリカ政府も本腰を入れた対応を迫られましたが、アメリカ企業が競争力を失いはじめていたのは、もはや明白だったのでした。

例を挙げるとすれば、やはり好例は自動車産業です。ゼネラル・モーターズ、フォード、クライスラーのいわゆるビッグスリーは、戦後のアメリカ社会に対し「大型化」「高級化」という路線で自動車を生産していました。1970年代の石油ショックは燃費のよい小型車の需要を増大させましたが、この3社はそうした需要の変化を一時的ととらえ、かつマージンの高い高級車生産への集中にこだわったことから、小型車市場を日本など海外メーカーに侵食される結果を生みました。

事態の悪化にビッグスリーもあわてて小型車開発に乗り出しましたが、時すでに遅し。その時点で3社の製品はもはや日本車の敵ではありませんでした。トヨタやホンダなどが繰り出す小型自動車の前に3社はなす術もなく、ビッグスリーの一角であるクライスラーは経営危機に瀕するまでに至りました。

日本はレーガン大統領の主張に応じて、1981年に対米輸出自主規制を決定しますが、これが最終的に撤廃されたのは1994年のことでした。つまり、**プラザ合意による強引な為替レート調整も、日米間の貿易には実は期待されたほどの効果がなかった**のです。

その背景を説明する前に、実はプラザ合意の前に、日米間ではすでにドル円の水準調整に関する政治的な動きが活発化していたことを振り返っておきます。

4 日米円ドル委員会で日本が金融開国を迫られたのはなぜか？

1981年に就任したレーガン大統領は日本側に対して、翌年11月の訪日を控え、為替相場を調整するために東京市場をもっと開放しなければならない、という問題提起を突きつけていました。経済問題がきわめて重要な内政問題となっていたアメリカ側は、「円」の使い勝手をよくすれば為替市場での「円買い」が起きて、日米間の貿易収支改善に必要なドル円の大幅な調整が行われるはずだ、という仮説に傾斜していたのです。

日本側は「ドル高はアメリカの金利高が主因だ」という主張を崩しませんでしたが、「日本に問題がある」と主張しつづけるアメリカからの要求を拒絶できませんでした。レーガン大統領と会談した中曽根首相は日米円ドル委員会を立ち上げて、東京市場の自由化や金利の自由化、円の国際化といったテーマで両国がスタディを始めることに合意したわけです。ただし、その作業部会に、両国の中央銀行たる**FRBも日銀も参加していなかったことは、ドル円問題がいかに「政治問題」であったかを示しています。**

この日米円ドル委員会は、1984年2月から6回にわたって開催され、5月には報告書が発表されました。その主な内容は、基本的にアメリカが日本に「金融開国」を迫るものでした。金融・資本市場を自由化すること、外国金融機関の日本参入障壁を撤廃すること、ユーロ円市場を発展させること、直接投資に関わる規制や障害を撤廃すること、などが盛り込まれました。

そして、金融規制緩和は時間をかけて進めていく、という日本の戦術は一蹴され、矢継ぎ早にアメリカの要求の受け入れが発表されました。為替市場における実需原則は日米円ドル委員会の協議を前にして撤廃が決定されていましたが、その他の具体的な「開国」として、円建てBA*（為替手形）市場の創設や銀行による円転規制の撤廃、海外勢の信託業務への参入、ユーロ円CD*（譲渡性預金証書）市場の創設などが順次実施されていくことになったのです。

もっとも、こうした日本市場の開放が、為替市場における円高要因になったかどうかは疑わしいところです。資本市場で円建て取引が増え、海外勢が東京市場でビジネス機会を拡大するとの思惑に反し、円買い・ドル売りの取引に直結するケースは期待されたほど多くなかったからです。

逆に、日本サイドの投資意欲を刺激してアメリカへの投資（資本流出）が増え、さらなる円売り・ドル買いが起きた、という指摘もあるほどです。**アメリカがこの「金融開国」で得たものは、結果的に、アメリカ金融機関の収益機会拡大に限定されていた**のではないでしょうか。

一方で、日本の金融機関の中には「黒船襲来の再来」といった恐怖感や警戒感を抱いた

円建てBA
貿易に必要な円建て資金調達のために貿易業者により振り出され、外国為替公認銀行が引き受ける円建て為替手形（Banker's Acceptance）。

CD
第三者に譲渡できる銀行の預金証書（Certificate of Deposit）。

向きも少なくありませんでした。しかし、結果的には資本市場が拡大する中で、ビジネス・チャンスは広がったのです。証券市場が活性化したことで、**銀行による証券業への参入意欲が高まるという結果をもたらした**ことは特筆すべきでしょう。それは、日本の金融産業の現在の姿をかたどる契機となりました。

日米円ドル委員会は、その名前が示すほどには為替相場に影響を与えませんでしたが、副次的に「市場ビジネス」を拡大するという効果をもたらしたのです。そしてアメリカ政権内で、ドル円の相場調整は為替市場に直接働きかけるしかない、という思いが強まる契機になったようです。その結果として、ドル切り下げの合意が確実に実行されるためには、各国による協調的な為替介入が必要だ、という考え方がG５にも共有され、プラザ合意へつながっていきました。

5 為替市場介入の限界

為替介入とは、政府の意向を受けた中央銀行が、為替市場で自国通貨買いや自国通貨売りを行うことです。日本のメディアはしばしば「日銀介入」と表現しますが、実際に介入

図3-2　為替介入の仕組み

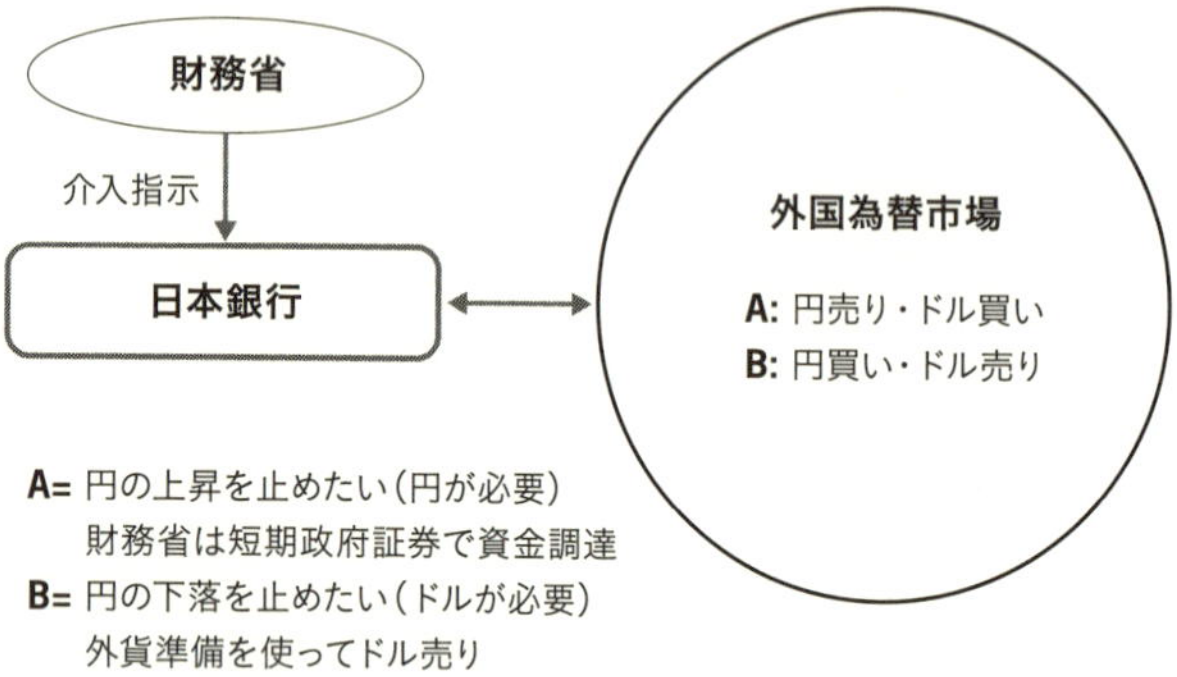

を決定するのは財務省であり、日銀はその命を受けてバランスシートを使って市場操作を実行する執行部隊なのです（**図3－2**）。その仕組みは他国も同様です。

　たとえば、日本が円売り・ドル買い介入を行うのは、ドルの下落（すなわち、円の上昇）を食い止めたい場合です。逆に、円買い・ドル売り介入は、ドルの上昇（すなわち、円の下落）を阻止するために行われます。**プラザ合意の際に行われたのは、より積極的にドルを押し下げようとする円買い・ドル売り**でした。

　最近の日本の外貨準備高推移（**図3－3**）をみると、2003年以降に急増しています。これは当時、輸出振興を目的として円高・ドル安を回避しようと、大

図3-3　日本の外貨準備高推移

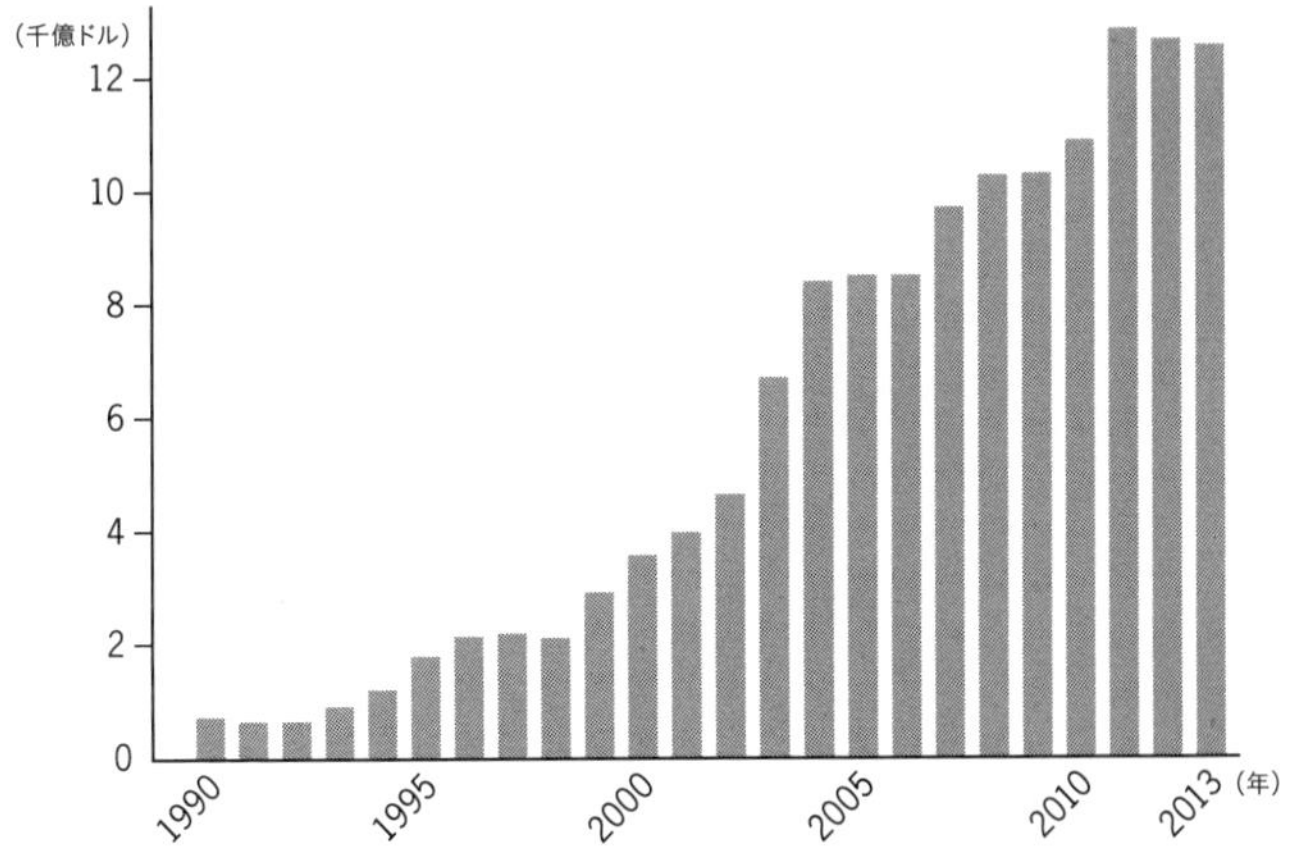

量の円売り・ドル買い為替介入を行った結果です。中国も同じような通貨政策を採用した結果、日本を大幅に上回る巨額の外貨準備を蓄積することになりました。

また逆のケースとして、2013年のトルコやインドなど新興国のように、自国通貨の急激な下落に歯止めをかけるために、自国通貨買い・ドル売りの為替介入を余儀なくされたこともあります。この場合は、外貨準備がドル売りの分だけ減少します。

こうしたイメージを持って、プラザ合意をもう一度振り返ってみましょう。

すでに述べたとおり、アメリカは円や西独マルクに対してドルを切り下げたいと思っており、日本や西ドイツ（当時はまだ東西ドイツ合併前）もやむを得ないとして合意していたため、共同声明だけでも十分にドル売りを誘う力があったわけです。当時の声明の骨子が以下です。

① 各国の蔵相・中央銀行総裁は、これまでに生じた大きな対外不均衡を是正するための改善の重要性で合意した。

② 各国の蔵相・中央銀行総裁は為替レートが不均衡の調整を図るうえで役割を果たすべきであることに合意した。主要非ドル通貨のドルに対するある程度のいっそうの秩序ある上昇が望ましいと信じている。

以上の文言をみただけで、誰でもドルを売って円やマルクを買うことを考えたはずです。しかし、各国はそのうえで協調介入を行う方針を決めました。実際に行われたドル売り介入は総額１０２億ドル、アメリカが32億ドル、日本が30億ドルと2国で半分以上を占め、西ドイツ、イギリス、フランスの3国が20億ドル、その他の参加国が20億ドルと記録されています。

昨今の為替介入は、投機筋などがつくり出す市場トレンドを止めたり反転させたりする目的で刹那的に行われることが多いのですが、プラザ合意における協調介入は、主要国が意図する水準に相場を誘導する計画的なものでした。

ただし、すでにみたように、その協調介入は当初の計画レベルから大きく外れた相場水準にまで為替レートを修正させる結果となりました。逆に、ドルの大幅下落を阻止しようとしてルーブル合意後に行われた協調介入は、目的を達成できませんでした。1988年の1ドル120円というドル安円高は、プラザ合意に出席していた人びとの誰ひとりとして予想できなかったのではないでしょうか。

1990年以降も協調介入は時々実施されています。2011年3月の東日本大震災後に起きた急激な円高に対する協調介入もそのひとつです。ですが「目標圏を定めた協調介入」は、プラザ合意が最後でした。現代の為替市場は、国家といえども、もはやコントロールするには巨大すぎる市場になってしまったためでしょう。**協調介入の威力に限界がみられるということは、一国が行う単独介入の効果がさらに限定的であることを示唆**しているのです。

6 ドル安はどのように日本のバブルを生んだのか?

プラザ合意によって、ドル円が直前の240円台から1988年に120円台まで下落した結果、各国が望んだような不均衡の解消は達成されたのでしょうか。

1985年以降の日本とアメリカの経常収支の推移（**図3－4**）をみると、プラザ合意後の数年間は、確かに為替調整の一定の効果があったようです。日本の経常黒字は1986年にピークを打ち、1990年には黒字額がほぼ半減しました。一方で、アメリカの経常赤字も徐々に縮小して、1991年にはほぼ収支均衡するまで改善したのです。

ところが、その後は円高・ドル安基調に大きな変化がなかったのに、日本の経常黒字は増加に転じ、アメリカでは再び経常赤字拡大のトレンドが始まることになったのです。結局、**ドルの大幅切り下げという荒業は、短期的に効果を生んだとはいえ、恒常的な不均衡解消をもたらすことはありませんでした。**

その過程で、アメリカでは急激なドル安にともなうインフレ懸念が発生しました。インフレ抑制のために高金利政策を主導したボルカーＦＲＢ議長が、急激なドル安に強い警戒

図3-4 日本とアメリカの経常収支の推移

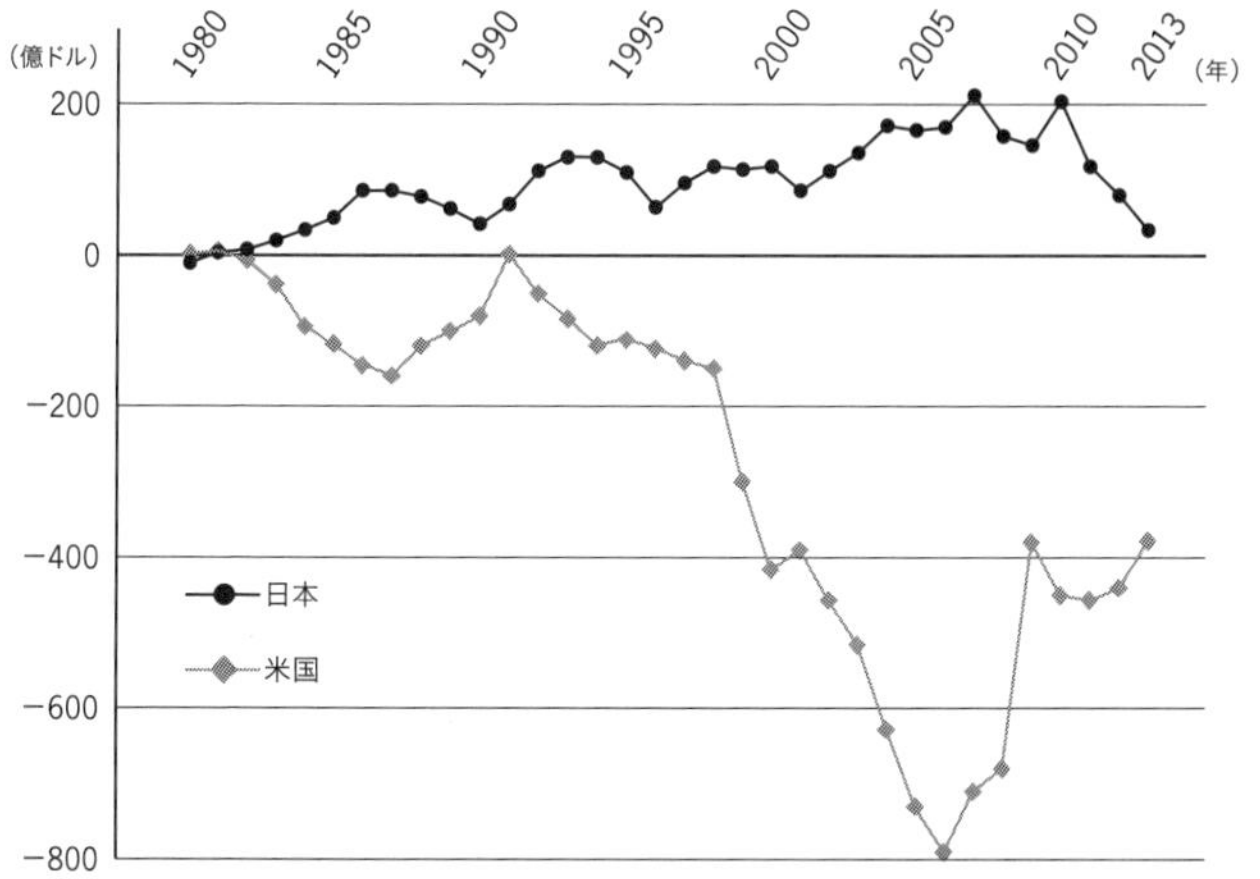

感を示すなど、プラザ合意の副作用を懸念する声も強まっていきました。こうした**インフレ懸念は同国の長期金利の上昇をもたらし、次章で述べる「ブラック・マンデー」への伏線**となっていきます。

一方、日本では、日米間の不均衡を解消するための大幅円高が「円高不況」を生んだことに注目してください。不況対策としてまず日銀が積極的な緩和政策に転じました。金利を引き下げれば、企業は投資を行いやすくなり、家計にとっては住宅ローンなどを借りやすくなります。また内需拡大を迫られた政府は、公共事業の拡大など大幅な財政政策を採用しました。こうして積極的な円高不況対策は、その後取り返しのつかないバブル経済へと日本を追い込んでいったのです。

日銀は、1985年に5%だった公定歩合*(今風にいえば政策金利)を1987年には史上最低の2・5%まで引き下げました。そして、それは企業への融資増よりも、カネを借りて株や不動産に投資する「財テク」の動きを加速させました。銀行もまた、不動産関連の融資を増加させていきます。それは「バブル経済」の萌芽以外の何物でもなかったのです。

また、成長ペースを引き上げるための財政政策の出動は、高速道路や橋、空港などの整備に資金を投じた結果として、従来の財政緊縮路線が転換され、国債増発への傾向が強まっていきました。すでに当時から、国債発行に依存する予算への懸念は強まりつつありましたが、産業界などは積極的な財政出動を歓迎しており、アメリカからの強い要請もあって、政府の財政支出は膨らむ一方でした。

低金利と財政出動という経済対策パッケージは、為替調整による不均衡解消を狙ったプラザ合意の副産物でした。そして、日本経済に「未曾有の資産バブル」という新たな現象をもたらす媒介となりました。

それは、ややかたちを変えながらも、21世紀の今日における「量的緩和による株高・不動産高期待」という「金融がつくり出す幻想の時代」へと連なっています。

公定歩合
中央銀行が民間銀行に貸し付ける際の基準金利。従来は中央銀行の金融政策の対象となっていたが、金利自由化にともなって、現在では、主要国は無担保コールの翌日物金利を政策金利と位置づけている。

第3章のポイント！

プラザ合意：1985年にG5（米・仏・独・英・日）がニューヨークにあるプラザホテルで発表した、ドル高是正への合意。

- プラザ合意後は、想定以上にドルが下落し、協調介入でも止められなかった。円の価値は対ドルで合意前の2倍になり、円高不況への対策として日銀が積極的な緩和策を採り、政府が公共事業の拡大など大幅な財政政策を出動したことで、のちのバブル経済を生んだ。
- 「プラザ合意」の背景には、ニクソン・ショックやスミソニアン協定でドルが大幅に切り下げられたにもかかわらず、アメリカがその後にインフレ対策として採った高金利政策が、世界の資金をアメリカ市場に惹きつけて、ドル高基調に戻っていたことがあった。
- レーガン政権下、アメリカは経常赤字と財政赤字という「双子の赤字」が定着し、国内の不満のはけ口として批判の矛先が、経常黒字国であるドイツや日本に向けられた。
- 日本はアメリカとの貿易摩擦に対応すべく、自動車などの対米輸出自主規制を決めたが、本質的な問題はアメリカ企業の競争力低下だった。また金融開国を迫られた結果、邦銀では証券業への参入意欲が高まった。

解説コラム

アメリカの人民元安批判

スミソニアン協定やプラザ合意などにみられるように、アメリカはこれまで日本やドイツに対して、為替レートを切り上げるよう強い政治的圧力をかけてきました。最近ではその批判の矛先を中国に向けて、人民元安の修正を迫っています。それは、中国が為替介入で人民元を割安な水準に設定しているため、その安価な商品が大量に流入してアメリカの対中赤字が増加し、国内の雇用が失われている、といった危機感からくるものです。

日本やドイツは、アメリカに配慮して通貨切り上げに協力してきましたが、自国経済の発展を最優先する中国の対応はかなり異なっています。アメリカの人民元安修正の要求に、敢然と反対の意を表明することもしばしばです。"世界の工場"だった中国が内需主導の経済構造へとシフトするまでは時間がかかるため、できる限り通貨安を維持して輸出を伸ばしたい、との思いが強いようです。また、中国は米国債の最大の投資家でもあり、ドル安は望ましくないという考え方もあるのでしょう。

第4章
ブラック・マンデーの悪夢
リスク・マネジメントの始まり

1986年	2月	FRB内部でクーデター勃発
	4月	日本で前川レポート発表
1987年	2月	日銀が公定歩合を史上最低の2.5%に引き下げ
	8月	ボルカーFRB議長の辞任（6月発表）
		グリーンスパン新議長就任
	9月	日本でタテホ・ショック
		アメリカが公定歩合を6.0%に引き上げ
	10月	ブラック・マンデー（株価大暴落）

1 1987年10月19日 アジアや欧州でみられた「悪夢の予兆」

1979年8月に就任したボルカーFRB議長がインフレ対策として採用した徹底的な引き締め政策で、じり安基調にあったアメリカ株式市場は、1982年以降の利下げ局面で反発に転じました。また、当時ジャンク債*（ハイイールド債）と呼ばれる投機的な格付けの社債市場の活性化を利用した企業買収ブームが発生し、これも株価への順風となりました。

そうした地合いが続き、1987年当時もアメリカ株式市場はやや過熱気味に上昇を続けており、年初来のダウ30種平均は、8月までに40％以上の上昇率を記録していました。ですが、前述したように、1985年9月のプラザ合意によるドル安はなかなか収束せず、日本が金融緩和を行う一方で、アメリカは金利を引き上げるのではないか、という思惑も徐々に市場に広まっていきます。

実際に、アメリカの長期金利は利上げ観測を強めながらじわじわと上昇し、市場の予想どおり、FRBは1987年9月に公定

ジャンク債
格付けが投資不適格の債券。S&PやフィッチではBB＋以下、ムーディーズではBa1以下がジャンク債と呼ばれる。ハイイールド債とも呼ばれる。

歩合を5・5%から6・0%へと引き上げる、と発表しました。利上げは常に、株式市場への逆風となります。当時も決して例外ではありませんでしたが、利上げそれ自体が暴落の引き金を引いたわけではありませんでした。

アメリカ株式市場では、すでに利上げ前から警戒感が目立っていたのです。市場が不安定さを増幅しはじめたのも、利上げ決定からしばらくたった10月初旬以降でした。

何度かの大幅な相場下落を体験した後、最大の激震が訪れたのが10月19日の月曜日です。その日のダウ30種平均は前週末比508ドルの暴落となり、下落率は22・6%を記録。これは1929年10月の株価大暴落を超える史上最大の下落率で、市場ではこの58年ぶりとなる暴落の日を「**ブラック・マンデー**（暗黒の月曜日）」と呼ぶようになります。同日は、S&P500も20%を超える下落率でした。ナスダックは11・3%の下落にとどまりましたが、それは市場から流動性が消え、多くの銘柄で売買が成立しなくなったからにすぎません。

ちなみに日本では、1930年代の大恐慌について、その前触れとなった1929年10月24日（木曜日）の株価暴落が「ブラック・サーズデー」と記憶されています。一方のアメリカでは、12・8%という当時としては最大の下落率を記録した10月28日（月曜日）の

図4-1　NYダウ下落率ランキング

	日付	下落率	下落幅	
1	1987/10/19	−22.6%	−507.99	ブラック・マンデー
2	1929/10/28	−12.8%	−38.33	元祖(?)ブラック・マンデー
3	1929/10/29	−11.7%	−30.57	ブラック・チューズデー
4	1929/11/6	−9.9%	−25.55	
5	1899/12/18	−8.7%	−5.57	
6	1932/8/12	−8.4%	−5.79	
7	1907/3/14	−8.3%	−6.89	
8	1987/10/26	−8.0%	−156.83	
9	2008/10/15	−7.9%	−733.08	
10	1933/7/21	−7.8%	−7.55	

出所：ウォール・ストリート・ジャーナル紙

「ブラック・マンデー」、そしてその後40年間破られることがなかった1600万株という未曾有の大量取引が行われた10月29日（火曜日）の「ブラック・チューズデー（暗黒の火曜日）」を、大暴落の代名詞として使うことが少なくありません（**図4－1**）。

話を1987年に戻しましょう。

10月19日の月曜日、アメリカより先んじて開いていたアジア市場や欧州市場で、すでに「悪夢の予兆」が起きていました。日経平均が2％以上の下げを演じるなど各国市場で株価は下落し、そうした株の下落を意識したアメリカ長期金利はニューヨーク市場のオープンを待たずして急速に低下していたのです。そしてアメリカ市場が開くや否や、株価が一斉に急落しました。

ただし、1929年の大暴落が実体経済の悪化と呼応するように起きたのに対し、**1987年の暴落は、景気後退をともなう市場現象ではありませんでした。**それを実証するように、翌日20日にダウ30種平均は5・9％反発し、さらに21日には10・2％上昇するなどリバウンドをみせています。結果的に、ダウ30種平均は2年後の1989年8月にはブラック・マンデー以前の水準を取り戻したのでした。

日本でも、ブラック・マンデーの翌日、日経平均が前週末比14・9％下落して3836円48銭安となりましたが、その翌日には2037円32銭高と9・3％高の急反発をみせました。明らかに1929年の大暴落とは異なる相場展開でした。それは、ブラック・マンデーが発生した背景として、大恐慌時にはなかった特殊な要因があったことを示唆しています。

2 暴落の背景にある「ポートフォリオ・インシュアランス」とは？

1987年当時、アメリカ企業の株価が割高な水準にあったことは事実でしょう。株式市場の適正水準をみるうえでよく用いられるPER（株価収益率）は当時、23倍程度と戦後の平均レベルを大きく上回っていました。

また、アメリカ経済のファンダメンタルズ問題として「双子の赤字」と「ドル安」が、市場不安を増幅していたことも否めません。海外資金をアメリカに惹きつけつづけるには、金利を高めに誘導しなければならず、金利高が続けば企業業績を悪化させて株式市場にはマイナス材料となるからです。

ですが、そのいずれも「なぜ10月19日に暴落が起きたのか」を説明するには、十分ではありません。**不安心理が募っていたところに、何らかの想定外の売り圧力が加わった、**と考えざるを得ません。その仮説に最もよく当てはまるのが「**ポートフォリオ・インシュアランス**[*]」と呼ばれる、一種のプログラム取引の存在です。

この取引を理解するには、まず「オプション」の概念を知る必要があります（図4-2）。オプションには「コール・オプション（買う権利）」と「プット・オプション（売る権利）」があります。一般的には、株価が上昇すると思えばコール・オプションを買い、下がると思えばプット・オプションを買う、と説明されます。しかし、大量の株式を保有している機関投資家の場合は、株価が下がる場合に備えて、つまりヘッジとしてプット・オプショ

ポートフォリオ・インシュアランス
株式などに投資する場合、将来の環境変化にかかわらず、保有するポートフォリオの値上がり機会を維持しながら値下がりリスクを回避して、一定の資産価値の確保を図る投資技法（Portfolio Insurance）。

図4-2 オプションの仕組み

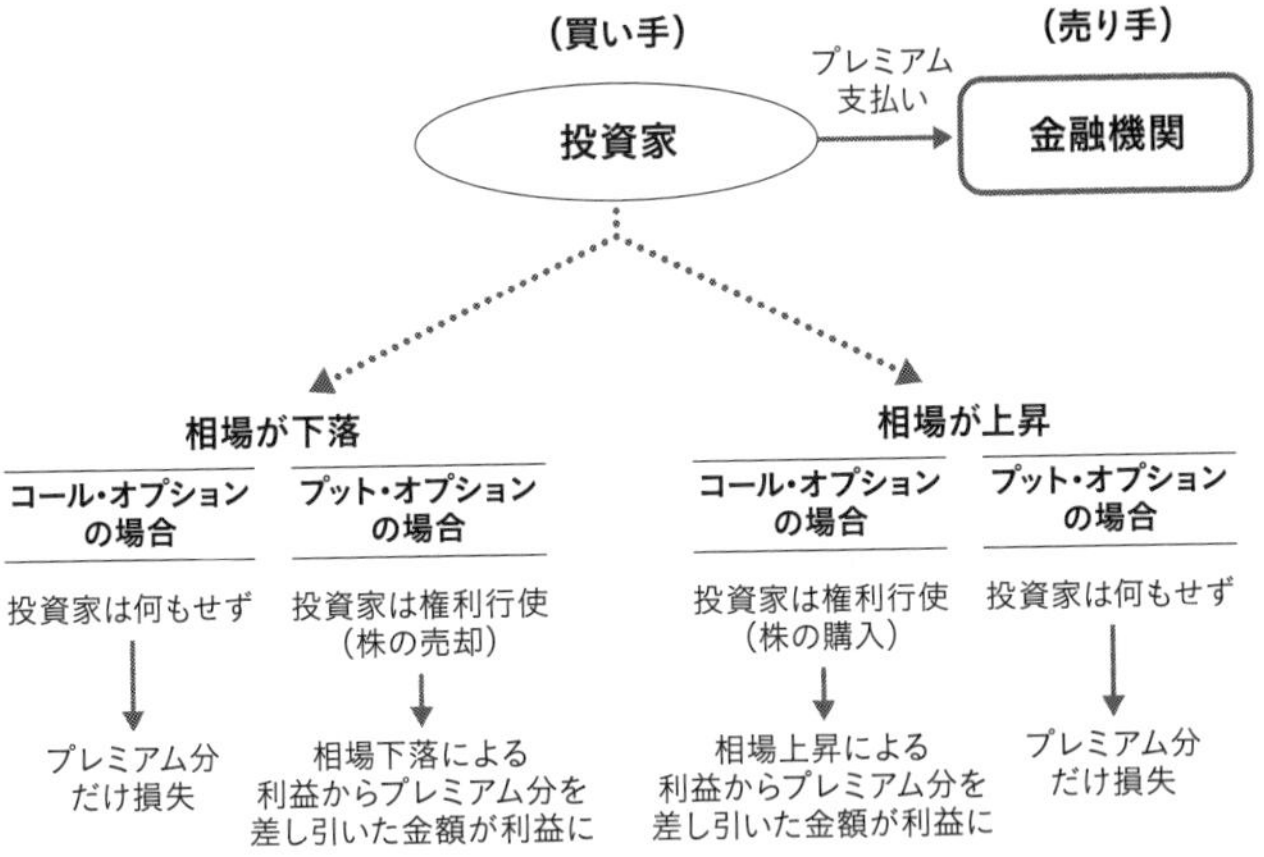

ンを買っておく、という戦略が想定されます。

オプションを買った場合の最大コスト(オプション・プレミアム)は有限なので、この戦略は相場の下落による損失を回避するために一定額の保険をかけておくのに等しいのです。

当時まだ発展途上にあった資本市場には、いつも都合のよいオプションが理論価格どおりに提供されるとは限らなかったので、機関投資家は、オプションを購入したのと同じ効果を持つ商品の開発を歓迎しました。

たとえば、プット・オプションの代替として、相場が下落すれば株価先物を売り、さらに下落すれば追加の株式先物を売る、という手法があります。これがポートフォリオ・インシュアランスです。この商品は、1981年ごろから徐々にアメリカの大手機関投資家の間に浸透していきました。

このアルゴリズムの下では、株価が上昇すれば先物でヘッジする比率を下げ、株価が下落すればヘッジ率を高める、という作業がコンピュータを使って自動的に行われます。これは「ダイナミック・ヘッジ」とも呼ばれ、理屈のうえではプット・オプションを買ったのと等しい効果が出るはずでした。

しかし、1987年10月以降の不安定な相場の中で、ポートフォリオ・インシュランスが発動する先物売りは、さらに市場の動揺を高めるようになります。つまり、売ろうとすれば買いが引っ込むために想定された価格で売れなくなり、さらに低い値段で売るしかなくなったのです。

こうして、**現実の市場ではオプション理論で示されるような連続的な価格推移が担保されなくなり、思うようにヘッジ効果は出なくなっていきました。**

そんなポートフォリオ・インシュアランスの売りが、ほかの投資家の売りを呼ぶことになり、相場が下げ止まらなくなったのが10月19日――つまりブラック・マンデーのカラクリだった、というのが市場の定説になっています。当日の先物売り注文の半分がこのプログラムによる売りであった、ともいわれるほどです。

機関投資家は、このヘッジ手段の利用で巨額の損失を計上しましたが、それは、自分自身が採用した戦術が株式市場を壊したことに起因するものでした。みずからの首を絞めたようなものです。ポートフォリオ・インシュアランスがブラック・マンデーを引き起こした唯一の引き金とまではいえませんが、金融工学が想定する前提条件に一定の限界があることは、この時点ですでに明らかになっていたのです。

3 超安定化《グレート・モデレーション》をもたらしたグリーンスパン議長の登場

さて、視点を再び金融政策の方向に転じてみます。高金利政策を維持してインフレ退治に成功したことで、ボルカーＦＲＢ議長の手腕に対する市場の信頼感は厚くなる一方でしたが、景気の低迷を懸念する政治の舞台では、必ずしも同議長を支持する声ばかりではありませんでした。緩和要請をかたくなに拒絶するボルカー議長に対する不満を募らせていた筆頭は、１９８８年の大統領選挙への影響を強く警戒していたベイカー財務長官でした。

１９７９年８月にカーター大統領の下でＦＲＢ議長に就任したボルカー氏は、レーガン大統領によって4年後の1983年8月に再任されました。でもそのときからすでに、金利は高すぎるとみる政治的勢力と、ボルカー議長の間の緊張感は高まりつつあったのです。同議長が、2期目が終了する1987年8月に「来るべき時が来た」と自主的に辞任を発表したその内実は、更迭人事でした。

1986年2月、FRB内部で事実上のクーデターが起きました。政府からの利下げ要求に反対する議長に対して、レーガン大統領によって指名されていたFRB理事らが唐突に利下げの投票を要求し、賛成多数で可決してしまったのでした。いわば、企業の取締役会で社長の反対する議案をいきなり可決してしまったようなものです。

政治が裏で糸を引くような手法に対し、烈火のごとく怒ったボルカー議長は、ベイカー財務長官に辞表を提出しました。しかし、金融市場の混乱を恐れた政府が慰留に努めた結果、議長はやむなく任期満了まで職務を果たすことになったのです。

実際に、**1987年6月にボルカー議長の辞任が発表されるとアメリカ債券市場はパニック症状を起こし、長期金利が急騰**しました。ドルの急落やインフレの再燃を恐れて政府からの緩和圧力に抵抗していた「アメリカ金融の守護神」が消える、と市場は警戒したためです。それは、後任に指名されたグリーンスパン氏（**写真**）にとって、幸先よいスタートとはいえないデビューとなりました。
グリーンスパン議長は、こうした市場反応から「ボルカー路線継続」の必要性を感じたのかもしれません。新議長がまず手をつけたのは、景気や株価の過熱を冷やすための「利上げ」でした。ところが、その直後にグリーンスパン議長が直面したのが、このブラック・マンデーだったのです。

新議長の状況変化への対応は、実に素早く、かつ柔軟でした。ブラック・マンデーの翌朝「FRBは経済と資本市場を守るために十分な流動性を供与する準備ができている」と述べ、株式市場に広がった不安を鎮静化させることに成功し、メディアからは「議長は早々に厳しいテストに合格した」と高く評価されたのです。

これ以降「グリーンスパン時代」と呼んでもおかしくない、アメリカ経済の繁栄期が訪れることになりました。2006年1月にバーナンキ氏にその座を譲るまで18年余りの長きにわたり、市場を見る目に長け、柔軟な金利政策を駆使し、時に人を煙に巻くような難解な言葉で市場関係者を操りながら、低インフレと高成

アラン・グリーンスパン（1926〜）
第13代FRB議長。機動的な金融政策を通じて「グレート・モデレーション（超安定）」を演出したが、市場機能を過信したその自由主義的采配が、のちのリーマン危機を生んだと批判されている。

図4-3　FRBの主な歴代議長

1951 – 1970	ウィリアム・マーチン
1970 – 1978	アーサー・バーンズ
1978 – 1979	ウィリアム・ミラー
1979 – 1987	ポール・ボルカー
1987 – 2006	アラン・グリーンスパン
2006 – 2014	ベン・バーナンキ
2014 –	ジャネット・イエレン

長が共存する「**グレート・モデレーション（超安定化）**」*を達成した、とも称賛されました（図4－3）。

その時代が、**労働生産性の向上だけではなく、借金を増やして投資や消費を拡大するという、いわゆるレバレッジ機能をもフル活用した、持続性に乏しい成長過程だったことがのちに判明**しますが、ブラック・マンデーをうまく切り抜けたグリーンスパン議長の手腕は、世界中に響きわたりました。

こうして、FRBの金融政策は万能であるがごとき「錯覚」が、日本を含む内外へと拡散されることになったのです。

グレート・モデレーション（超安定化）
先進国において、1980年代半ばから約20年にわたってみられた、マクロ経済的に変動性が低くインフレ率も低位にとどまっていた時代を指す。

4

ブラック・マンデーの遠因に西ドイツの反骨精神

ブラック・マンデーを引き起こした土壌として、双子の赤字構造や止まらないドル安など、アメリカ国内に主な要因があったことは事実ですが、外部要因として、当時の西ドイツにおける金融政策を挙げておくことも必要でしょう。

1980年代の世界経済成長は、日本、アメリカ、そして西ドイツの問題だった、といっても過言ではありません。先進国間の協調といっても実態は日米独3カ国での協調体制であり、1987年2月にドル安を食い止めるために合意した「ルーブル合意」も、G7とはいいながら、その例外ではなかったのです。

1970年代後半、成長力に息切れがみえてきたアメリカは、「日独機関車論」という言葉で、日本と西ドイツが世界経済の牽引車になることを求めはじめました。その要求は1980年代に入ってさらに強まり、アメリカはドル安だけでなく、両国に対して内需拡大策をも強く求めるようになりました。

このアメリカの求めに対して日本は、輸出型から内需型への成長モデル転換を目指す

「前川レポート」[*]を公表し、公共事業の拡大や高い成長率を国際公約として打ち出すなど協調姿勢をみせますが、対照的に西ドイツは、インフレ回避を最優先する立場を貫きます。

西ドイツはルーブル合意を前に利下げを決定し、日本も当時史上最低の2・5％にまで公定歩合を引き下げるなど、各国はドル安阻止への協調体制を演出してみせました。ところが、その後は**徐々にアメリカと西ドイツの亀裂が目立つようになっていった**のです。

ドル安がなかなか収まらない中でアメリカには利上げ観測が浮上し、長期金利はじりじりと上昇しはじめていました。一方の西ドイツは、徐々にインフレ懸念が高まってきたことを警戒し、引き締め策を検討するようになります。

さらなるドル安材料となりかねない、と警戒するアメリカの強い反対にもかかわらず、ついにドイツは短期金利の高め誘導を敢行します。市場は「協調体制が崩れた」とみて動揺しました。このアメリカとドイツの対立もまた、ブラック・マンデーを引き起こした遠因といえるでしょう。

では、西ドイツがなぜそこまでインフレ懸念に敏感であったかといえば、1923年の

前川レポート
中曽根内閣の私的諮問機関である「国際協調のための経済構造調整研究会」が、1986年に内需主導型経済への転換や資本市場の自由化などを提言した報告書。研究会の座長である前川春雄元日銀総裁の名前をとって、こう呼ばれる。

「ワイマール共和国」時代に体験した3万％にも達する**ハイパー・インフレの惨劇が、同国の人々の脳裡に焼きついている**からです。これは消そうにも消せないドイツの非常に辛い記憶です。

第1次世界大戦後、巨額の賠償金を要求され、またフランスがルール地方に進駐した影響などから、同国は中央銀行による国債引き受けと紙幣の大量発行を行うことになり、ハイパー・インフレに陥りました。「二度とインフレを起こさない」という理念が、その後のドイツ連銀（ドイツ連邦銀行）における最優先の政策目標になりました。

西ドイツが国際協調体制よりも自国経済を優先させた、とアメリカは対独批判を強めましたが、ドイツにしてみれば、国民経済を犠牲にした成長などあり得ません。1999年にユーロが導入された際、ＥＣＢ（欧州中央銀行）がドイツのフランクフルトに置かれたことは、ユーロ圏がドイツ連銀に連綿と流れる「アンチ・インフレ精神」を重視したことのあらわれといえます。

現在では、その**ドイツの姿勢が、ユーロ圏の柔軟な金融政策導入のハードルになっている**、とも批判されます。特にアメリカは、しばしばドイツを名指しして、その金融・財政政策の硬直性を批判していますが、その対立のルーツはこのブラック・マンデー前夜にあるのです。

5 財テクの嵐のなかで起きたタテホ・ショック

ブラック・マンデーと直接の関係はありませんが、プラザ合意から先進国の協調体制という一連の流れの中で、日本市場に吹き荒れた「財テクの嵐」について触れておきましょう。「財テク」とは「財務テクノロジー」の略称であり、「ハイテク」と語呂合わせしながら、金融商品でひと儲けしようとする風潮を表した言葉です。

具体的には、手元にある余剰資金や低利での借入資金を、株式や債券、不動産などに投資して収益を上げようという財務戦術です。ドル安誘導に成功した後、**下げ止まらなくなったドルへの対応として、日本が円売りを誘うべく政策金利を引き下げていったことが資産投資を助長し、「財テク」に拍車をかける**こととなりました。

1987年2月に日銀は、公定歩合を2・5%という当時の史上最低水準まで引き下げました。銀行は、持ち合いとして本体で保有する取引先の株式とは分離した別勘定で、積極的な株式投資を行うようになっていました。その際に利用された特定金銭信託は「**特金**[*]**（トッキン）**」

特金（トッキン：特定金銭信託）
委託者である投資家が受託者である信託銀行に金銭を信託し、委託者またはその運用代理人からの指図で売買や事務管理が行われる。

と呼ばれ、財テクの代名詞にもなりました（次章にて詳述）。
事業法人もまた、株式や国債などに大量の資金を投じていきます。長期金利が急低下する中で、その2年前に導入されていた国債先物を利用し、少ない手元資金で大きな利益を上げる企業も出てきました。同年5月には当時の国債指標銘柄（89回債）の利回りが、公定歩合とほぼ肩を並べる2・55%まで低下するという熱狂ぶりでした。

その後も長期金利は超低水準で推移しましたが、徐々に「国債バブル」への警戒感が強まり、一方的に金利が低下する地合いは終焉を迎えます。そして9月に、鉄工所の耐火煉瓦材料として利用される電融マグネシアの世界的メーカーであったタテホ化学工業が、国債先物で286億円の損失を出したことが明らかになりました。損失額は同社年間売上高の約4倍にものぼるといわれました。

この事件は「タテホ・ショック」として、海外でも報道されるほどの注目を集めます。本件も氷山の一角にすぎないのではないかという思惑が広まって、株式市場や債券市場が急落したからです。長期金利は、5月の2・55%から10月にはなんと6%以上に跳ね上がったのでした。

日本国債が急落したケースはいくつかありますが、疑心暗鬼が相場の急落を生んだ点で、

「タテホ・ショック」は現代の国債市場に対する貴重な教訓として長く記憶にとどめおくべき事象です。

もちろん資産バブルが起きたのは国債だけではありません。１９８９年の史上最高値に向けて疾走した株式や、１９９０年代に計り知れない不良債権の山を築くことになった不動産も、歴史的なバブル症状に冒されていました。しかし、グリーンスパン元ＦＲＢ議長がのちに語ったように、「バブルは弾けてみなければわからない」のでした。１９８５年以降の日本市場は「カネ余り」を合言葉に、株や不動産の市場には無限の上昇余地がある、と信じ込んでいたのです。

6

リスク・マネジメントの始まりと限界

ブラック・マンデーは、世界中に「市場リスク」の怖さを浸透させました。特に「静的な融資の世界」から「動的な市場の世界」へと数歩足を踏み出していた銀行にとって、業務純益を大きく揺さぶる株価の急落は、未知との遭遇でした。今ではどんな組織にも「リスク管理」という概念が広く行きわたっていますが、**当時は、リスクへの懸念より上昇相**

場がもたらすリターンへの期待だけが現場の空気を支配していたのです。

しかし、銀行経営を揺るがしかねない「市場リスク」に関して、すでに高度なリスク管理体制を敷いている銀行がアメリカにありました。それは、1970年代にリテール銀行の限界を察知し、戦略的に市場ビジネスへの特化を進めていたバンカース・トラストです。

バンカース・トラストは、預金を集めて貸し出すという商業銀行ビジネスから、有価証券やデリバティブズを用いてみずから金利やクレジットなどの市場リスクを取ったり、顧客にヘッジ・ツールを提供したりする投資銀行ビジネスへと、大胆に舵を切っていました。それは同行を「平凡な中堅銀行のひとつ」から、一躍「唯一の市場ビジネス専門銀行」という座に押し上げました。

そこで彼らが開発したのが、RAROC（Return on Risk-Adjusted Capital：リスク調整後の資本利益率）というリスク管理概念です。各事業部門や個別投資機会の収益性を、リスクを加味したうえで、同じ土俵にのせて計算し比較しようとするものです。

たとえば、国債に投資する場合とソニー株に投資する場合では、それぞれの商品のリスクを配慮しなければなりません。それぞれの純利益を必要なリスク資本で割ったものがRAROCです。その値を比較することにより、リスクテイクの評価を行うのです。

バンカース・トラストは、現場のディーラーから経営陣に至るまで、このリスク概念を共有させて、市場ビジネスに対応したのでした。ブラック・マンデーが発生したころまでにRAROCの考え方は他行にも波及することになり、1990年代にはJPモルガンがさらにリスク管理手法を洗練させて、VaR*（バリュー・アット・リスク）という新しい手法を編み出しました。

日本の金融機関にこうしたリスク管理手法が定着するのは、ブラック・マンデーからもう何年も経過した後の、1990年代半ばになってからでした。VaRはさらに修正を重ねて、今なお、金融機関の市場部門で用いられています。ですが、VaRなどの**リスク管理指標はあくまで統計的な数値であって、市場リスクを完璧に表現するものではありません。**

VaRによる管理に弱点や限界があることは、2003年に日本国債相場が暴落したVaRショックと呼ばれる現象や、リスク管理体制の構築で世界最先端をひた走ってきたJPモルガンが、2012年に62億ドルもの巨額損失を計上したことなどで明らかになりました。

VaR（バリュー・アット・リスク）
市場リスクの予想最大損失額を算出する指標。保有している資産が一定確率の市場変動の範囲で、どの程度損失を計上する可能性があるか計測する。信用リスク管理にも適用される。

第4章のポイント！

ブラック・マンデー：1987年10月に起こった、史上最大規模の世界的な株価大暴落。ただし、1929年当時の大恐慌のような実体経済の悪化をともなう暴落ではなく、株価は急反発した。

● プラザ合意によるドル安は収束せず、アメリカの利下げ観測が広がる中、1987年9月にFRBが公定歩合の引き上げを発表。しかし、これ自体がブラック・マンデーの株価暴落の引き金を引いたわけではなかった。背景には、「双子の赤字」構造や、止まらないドル安といったアメリカ国内の要因に加え、西ドイツによる金利高め誘導があった。

● 暴落の直接的な引き金となったのは、本来は相場下落のリスクをヘッジするための一種のプログラム取引である「ポートフォリオ・インシュアランス」による売りだった。ブラック・マンデーで世界は市場リスクの重要性を認識し、リスク管理の概念が広がるきっかけとなった。

● ブラック・マンデー直前にFRB議長に就任したグリーンスパンは、その対応を高く評価され、その18年余にわたる在任期間に「グレート・モデレーション（超安定化）」を達成したと称賛された。しかし、これは労働生産性の向上だけでなく、負債の拡張を利用した脆弱な成長過程でもあった。

第5章

日本のバブル崩壊による痛手

邦銀の凋落が始まった

1983年	日本で国債の窓口販売解禁
1984年	日本の為替市場で実需原則撤廃
1989年末	日経平均3万8915円87銭とピークに
1992年	伊予銀行が東邦相互銀行吸収（預金保険制度の適用第1号。その後、続々と金融破綻が続く）
1995年	住専問題の処理策が閣議決定
1997年	三洋証券破綻
	山一證券廃業
	北海道拓殖銀行破綻
2003年	りそな銀行へ公的資金投入（日本の金融問題が一応決着）

1 1989年12月29日 日本株の絶頂は転落の序章だった

証券取引所の年初の取引日は「大発会」、年末最終取引日は「大納会」と呼ばれます。土日に重ならなければ、1月4日が大発会で、12月30日が大納会というのが、日本の証券界の慣習です。1989年の大納会は、12月30日が土曜日だったために、前日の29日でした。その日、日経平均株価は3万8915円87銭という年初来高値で取引を終えました。

年末年始のメディアは、1990年以降どこまで株価は上昇するかという話題であふれ、日経平均4万円で飽き足らない楽観論者は、4万5000円、5万円といった予想を繰り出すなど、青天井の強気見通しが市場を闊歩していました。ある大手証券会社は「長期的な目標は8万円台」という見通しを投資家に示していた、とも聞きます。

しかし、日経平均はこの日を絶頂として翌年の大発会以降は下落を続けることになりました（**図5−1**）。その後25年間経過した今も、当時の水準を大幅に下回ったままです。どんなに強気の人でも、当時の最高値を破る日が近々やってくるとはいわないでしょう。日本のバブル崩壊は、まさに歴史に残る出来事だったのです。

図5-1　日経平均株価の推移

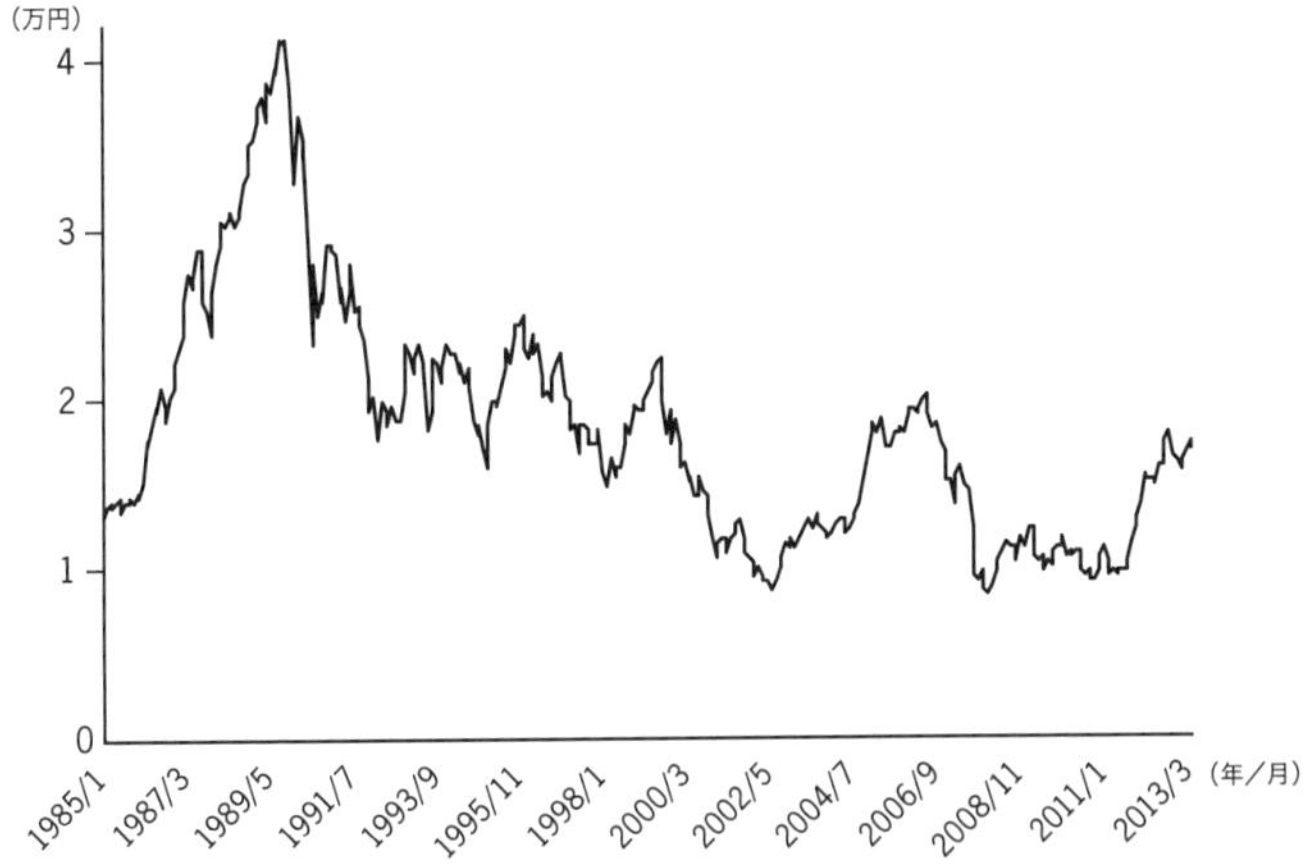

株式市場のユーフォリア《熱狂的陶酔》の終焉は、正月早々に突然訪れました。それは、証券会社や機関投資家、個人投資家だけでなく、銀行にも大きな衝撃を与えることとなりました。前述のとおり**当時の銀行は、政策投資といわれる企業の持ち合い株だけでなく、相場観に基づく積極的な株式投資にも乗り出していた**からです。

当時、日本の銀行（以下、邦銀）が利用していたのは、前章で述べた「特金（トッキン）」と呼ばれる信託銀行の「特定金銭信託」でした（**図5−2**）。これは、投資家が委託者として金銭を受託者である信託銀行に預け、運用指図人がその金銭を運用する仕組みですが、当然ながら

図5-2　特金の仕組み(自主運用の場合)

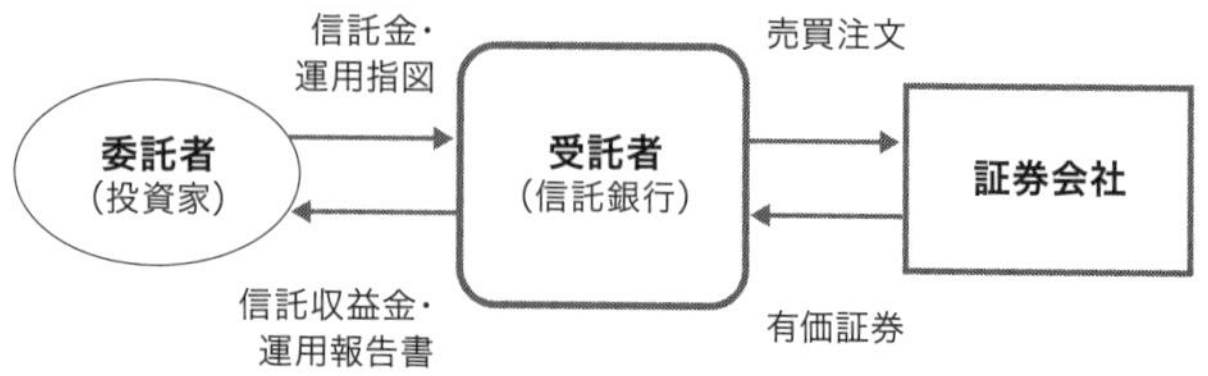

この場合の運用を指図するのは委託者でもある銀行です。

このスキームをとる目的は、銀行本体で保有する低い簿価の株式と分離して株式投資を行うことにありました。たとえば、戦後に１株１００円で購入していた株式が１万円に上昇していた場合、本体で新たに１株購入すると簿価が５０５０円に上昇するため、仮に１万１０００円で１株売却したとすれば、売買益は１０００円ではなく、５９５０円となります。これでは余計な税金を払うことになるうえ、含み益も減少してしまいます。

こうした不都合を避けるために利用された「特金」は、金融業界でバブルの代名詞にもなりました。もちろん、銀行や機関投資家だけでなく、事業法人も余剰資金や借入れ資金で、この「特金」や信託銀行に運用を委託する「ファントラ（ファンド・トラスト）」と呼ばれた指定金外信託を利用した財テクに走るところが多くありました。

日本全土に**株価上昇ムードが蔓延する中で、銀行は「特**

金」における株式投資で収益を伸ばし、さらに本業でも企業への不動産担保融資を拡大していったのです。株価とともに不動産の価値も永遠に上がりつづけるという神話が形成され、特に横並び意識の強い銀行業界は、不動産を担保にした貸出競争の渦の中に巻き込まれていきました。

１９９０年以降に株価が下落に転じたことで、銀行では株式投資による損失が目立ちはじめます。事業法人でも、ヤクルトや阪和興業など、バブル崩壊後に巨額損失を発表した例は数多く、また、最近になって当時の財テク失敗が露呈したオリンパスのような例もありました。

もっとも、株価は１９８９年12月29日にピークを付けたのに対し、不動産市場では１９９０年に入ってもまだ上昇機運が廃れていませんでした。株価はいずれ落ち着いて持ち直すという期待感も残っていたため、不動産への期待値は根強く残っていたのです。銀行の営業部門はまだまだ強気でした。

2 1980年代の栄光と1990年代の挫折

第3章でプラザ合意を取り上げた際に、急激な円高の下で日銀による緩和政策が資産バブルに火をつけたことに触れました。1989年末の株価のピークは、ついにその最終局面がきたことを知らせる日暮れの鐘でした。しかし、緩和局面において、融資や利ザヤが拡大する順風を受けて収益性を伸ばしてきた銀行にとっては、まだバブルの余韻が残っていたのです。

1980年代は、銀行貸出が大きく伸びた時期です。金融緩和を背景として、1970年代に高度成長から安定成長へとシフトする際に縮小していた企業の借入れが増加に転じたことや、金融の自由化が加速しはじめたためでした。

それまで金利規制、業際規制、為替実需原則、国際資本規制など規制色の強かった銀行業に対し、新型定期預金など新商品の導入や国債の窓口販売などの新業務が解禁され、金利の自由化が進展したほか、公共債のディーリングも開始されました。銀行も市場競争の時代に入ったのです。

また〝円の国際化〟という看板が掲げられ、ユーロ円取引の自由化や東京オフショア市場*の創設などが進んだのもこの時期です。企業の海外進出が活発化し、銀行もその後を追いかけるように、ニューヨークへロンドンへと、相次いで海外拠点を構えることになり、豊富な資金力をベースに海外での融資も積極化させていきました。

こうした変化は、当時流行った「2つのコクサイ化」（国債流通市場の拡大と、国際取引の増加）というキャッチフレーズに代表されるように、**邦銀が「市場」と「海外」という新たな両輪の下で、新たな収益源を模索する契機**となりました。この時期が、海外での邦銀の存在感が高まった全盛期でした。

第2章でも述べたとおり、1980年代後半以降のアメリカの大手銀行は、3つのLといわれる、不動産関連融資（Land）、発展途上国（Least Developed Country）、レバレッジド・ローン（Leveraged Buyout）という融資問題の処理に追われ、体力を失っていきました。その隙間を埋めるように、外為専門銀行として海外業務に特化していた東京銀行だけでなく、他の都市銀行や長信銀、信託銀行、そして大手地方銀行までもが、海外に積極的に進出するようになったのです。

余談ですが、このように海外市場で邦銀の貸出増加があまりに

オフショア市場
国内の法的制約や規制が課されない自由市場。非居住者による自由な金融取引が可能になるように、税制などの制約が大幅に緩和されている。日本ではJOM（Japan Offshore Market）が1986年に創設された。

目立つようになったことは、その後、イギリスとアメリカの当局が主導するバーゼル委員会（バーゼル銀行監督委員会）が、銀行の自己資本比率規制*を導入するひとつの契機になりました。

しかし、銀行経営の本流といえば、やはり国内の企業向け貸出です。企業サイドでも、本業の設備投資だけでなく、値上がりを続ける不動産や株などの財テク用に銀行借入れを積極化するようになり、バブルが進行していく中で銀行と企業の皮相的な「ウィン・ウィン」の関係が築かれていきました。

特に**急増したのは、中小企業やノンバンク、不動産、建設、そして個人といったセクターへの貸出**です。その後、不動産市況の急速な悪化の下で銀行が処理に頭を抱えることになる不良債権の種は、こうしてまかれていったのです。

そうした国内事情を抱え、巨額の不良債権処理に全エネルギーを注力せざるを得なくなった邦銀は、一斉に海外から撤退を始め、国際金融市場を席巻したその短い全盛時代をあえなく終えました。

自己資本比率規制
銀行の経営健全性を確保するため、一定以上の自己資本比率を求める基準。国際業務を展開する銀行に対して1988年に発表された。国際的統一基準に沿って、各国規制当局は国内銀行にも適用している。

3 金融破綻のドミノ現象が始まった

1990年代の日本における金融破綻として最初に挙げられるのは、最後の相互銀行*となった愛媛県の東邦相互銀行です。同行が1992年に伊予銀行によって吸収された際に行われた資金援助が、日本における預金保険制度*の適用第1号となりました。

その後、大阪に本店を置く東洋信用金庫の破綻などが続き、1994年には東京協和信用金庫や安全信用組合が、1995年には木津信用組合やコスモ信用組合、そして兵庫銀行と、金融破綻は規模の大きな金融機関へと拡大していきます（図5-3）。

ただし、**日本の金融破綻を概観するうえで見逃せないのは、住宅金融専門会社、いわゆる「住専」**です。そもそも個人向け住宅ローン専門銀行としてスタートした住専は、銀行や信販、そして公的機関である住宅金融公庫にシェアを奪われて苦戦し、次第に企業の不動産事業に対する融資を拡大するようになっていきました。

相互銀行
無尽会社を前身とする、中小企業対象の金融機関。普通銀行への転換が進み、相互銀行法も廃止されて、現在では存在しない。

預金保険制度
金融機関が破綻した場合に、預金者等の保護や資金決済の履行の確保を図ることによって、信用秩序を維持することを目的とした制度。日本では、定期預金や普通預金等は、預金者1人当たり、1金融機関ごとに合算されて元本1000万円まで、破綻日までの利息を含めて保護される。

図5-3　主な金融破綻の一覧

1991年	東邦相互銀行
1992年	東洋信用金庫
1993年	釜石信用金庫
1994年	東京協和信用組合
1995年	兵庫銀行
	コスモ信用組合
	木津信用組合
1996年	太平洋銀行
1997年	阪神労働信用組合
	朝銀大阪信用組合
1998年	阪和銀行
	京都共栄銀行
	徳陽シティ銀行
	北海道拓殖銀行
1998年	福徳銀行
	なにわ銀行
1999年	みどり銀行
	日本長期信用銀行
	日本債券信用銀行
	国民銀行
2001年	東京相和銀行
	なみはや銀行
	幸福銀行
	新潟中央銀行
2003年	石川銀行
	中部銀行
2008年	足利銀行
2010年	日本振興銀行

株価とともに上昇ペースを加速しはじめた不動産市況は、住専にとってこの上ないビジネス環境となりました。さらに、1990年に**不動産向け融資抑制のための行政指導として銀行に発動された総量規制は住専を対象外としていた**ため、銀行や農林系金融機関が競って住専に融資を行うようになったのです（**図5－4**）。

ただし、金利の上昇とともに、不動産価格はすでにピークに近づいていました。1991年ごろから大都市圏を中心に地価が下落しはじめて1992年1月の全国公示価格は前年比4・6％低下となり、その後も下落幅を拡大しながら、不動産市況は悪化の一途をたどっていきます。

銀行や農林系金融からの借入れをもと

図5-4 住専問題の構造

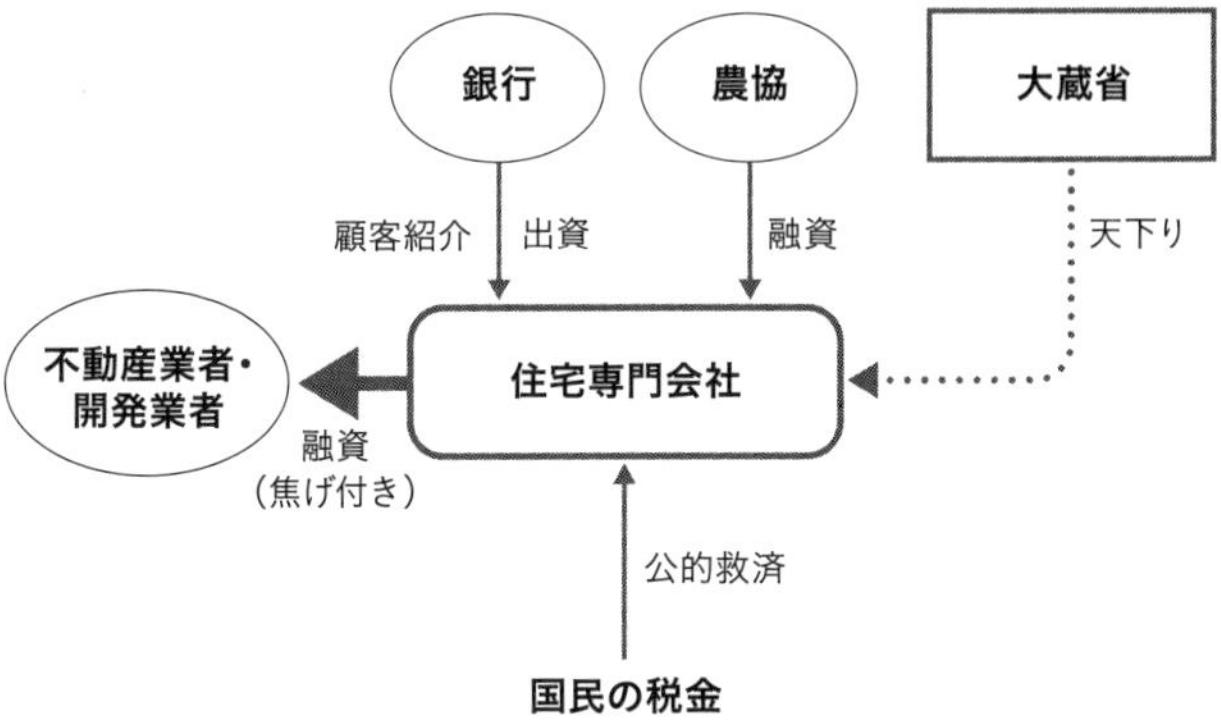

に急増していた住専の不動産担保融資の焦げつきが発覚するのは、もはや時間の問題でした。そして時間をおかず、1995年8月の当局検査によって、総資産の約半分の6兆円超という巨額の損失が判明したのです。その結果、大手住専7社は消滅することになり、最終的な損失処理には公的資金も投入されることになりました。

この住専問題は、海外メディアでも「Jusen」として大きく報じられ、市場の注目を集めました。ただし、それは日本の金融機関の凋落の最終段階ではなく、始まりにすぎなかったのです。

1997年11月には、豪華なディーリ

ングルーム建設に象徴される過剰投資や、子会社による多額の不動産関連投資が問題視されていた**三洋証券**が破綻して、無担保コール資金がデフォルトするという前代未聞の事件が起きました。直後には、「飛ばし」と呼ばれた巨額の簿外債務が発覚した**山一證券**が、自主廃業を発表。そして、都市銀行の一角であった**北海道拓殖銀行**が不良債権処理を行う体力が尽きて経営破綻するなど、日本経済に激震が走ったのです。

特に、北海道拓殖銀行の破綻は、ほかの都市銀行や長期信用銀行に対する不安を募らせることになりました。どの銀行も、程度の差こそあれ、相当額の不良債権を抱えていることは明らかだったからです。

日本発の金融システム不安が起きるのではないか、という疑心が高まる中で金融監督庁が発足し、大手銀行に対する厳しい集中検査が行われました。そして結果として、日本長期信用銀行と日本債券信用銀行の2行が大幅な債務超過とみなされ、国有化されるという衝撃的な結末を迎えたのです。

日本政府はパニックを収束させるため、生き残った大手行すべてに公的資金を投入する方針を固め、21世紀に入ってようやく金融システムは落ち着きをみせはじめます。最終的に、2003年にりそな銀行への2兆円規模の公的資金投入で、日本の金融問題は一応の決着をみました。株価がピークを打ってから15年という、実に長いトンネルでした。

4

市場感覚の欠如が招いた不幸

銀行というのは、家計などから預金を集めて企業にカネを貸す業態です。実際には、企業が必要としている資金を家計などから集める、という逆の説明のほうが現実的ですが、いずれにしてもその間の金利差、つまり利ザヤで稼ぐのが銀行です。そこに一定の規制が働いていれば、貸出先がつぶれない限り収益性は確保できるはずです。

日本の場合、戦後の経済復興を支えるための安全な金融システムを構築しようと、政府は「護送船団方式」[*]と呼ばれる銀行政策を採りました。預金金利の上限を定めて無用な預金獲得競争が起きることを回避し、1年未満の貸出金利に関しては臨時金利調整法によって規制が敷かれてきたのです。こうした中で、弱小の金融機関も落伍することなく、銀行は安定的な収益構造が確保されていました。

また、預金調達ルートが債券に限定される長期信用銀行には、主要調達手段である金融債の金利に一定のスプレッドを乗せた貸出金利を長期プライムレートとして設定し、利ザヤを確定するシ

護送船団方式
弱小金融機関が落伍しないよう、監督官庁が許認可権限などを用いて、過度の競争を避けつつ金融機関全体の存続と利益を実質的に保証すること。

ステムを導入しました。すなわち、**銀行はつぶさないというのが、日本の金融行政の鉄則だった**のです。

1970年代に入ると、すでに述べたように、徐々に金融自由化の波が押し寄せてきます。企業は余裕資金を現先取引[*]で運用するようになり、銀行預金よりも有利なリターンを得るようになりました。一方で、社債市場の自由化によって、優良企業は銀行借入れよりも低いコストで資金調達を行えるようになったのです。

また1984年には、外為市場における実需原則[*]が撤廃されて為替取引の自由度が増すと、企業は外債を発行して円ヘッジを行う新たな円資金調達方法に注力するようになりました。特に、株高を背景として転換社債やワラント債を使った実質的なゼロコスト（場合によってはマイナスコスト）の資金調達は日本企業に大人気となり、ロンドンやスイスなどの欧州市場では、連日のように日本企業の債券が発行されました。

バブル景気に乗った内部留保の蓄積や新株発行による資金調達なども、企業の手元流動性を厚くすることになり、1980年代には一気に「銀行離れ」が加速しました。**銀行経営は、海外進出や証券取引、あるいは不動産関連融資といった、新たな拡大戦略を検討せざるを得なくなっていた**のです。

現先取引
一定期間後に一定価格で買い戻す（または売り戻す）ことをあらかじめ約束した上で売買する債券取引。実態は、数日間から数カ月間の短期的な資金取引。

実需原則
為替取引は、貿易決済や証券投資など実需の裏づけのある取引に限定するという原則。1984年に撤廃され、自由に為替取引ができるようになった。

しかし、海外市場における業務拡大や証券会社と同じ土俵の上で競う国債取引などは、市場知識や市場経験がモノをいう戦場であり、規制に守られて生きてきた邦銀にとっては不得意な分野でした。

かろうじて大手邦銀には、外国為替取引において市場ビジネスに関わるノウハウが蓄積されていましたが、それをほかの業務分野にまで応用する経営力や人材は、決定的に不足していました。海外投資銀行への出資や買収は結果を出せず、有価証券取引も証券会社に太刀打ちできないまま、銀行は自分自身の専門分野である「融資」に光を見出すしかありませんでした。**不動産価格の上昇は、銀行にとって願ってもない、そして残された唯一の救世主**だったのです。

ただしその不動産も、本来は市場需給や景気動向などよって価格が決まるものです。融資の際に判断される担保価値は、その不動産が今後どれだけの収益を生むかという点で推測されるべきものでしょう。ところが、株価と同様に上昇を続ける不動産市場を眺め、銀行経営の管理意識から「不動産価値の下落リスク」はすっぽりと抜け落ちていきました。銀行が不良債権の山に埋もれていったのは、時代の不運なめぐりあわせという見方もありますが、市場ビジネス感覚の欠乏からくる必然でもありました。

5 邦銀にとっての市場ビジネス

では当時の邦銀における市場ビジネスとは、具体的にどういうものだったのでしょうか。最もなじみの深かったのは、前述のとおり**外国為替業務**です。ほぼ24時間動いている変動相場制度の中で為替レートの動向を読み、顧客に有益な相場情報を提供しながら外貨の売買に応じて、自身のポジションを正確に把握し、かつ、適切なリスク管理を世界中の各拠点で行うという業務は、厳格な訓練と高度なノウハウの蓄積を必要とします。

そこには、ドル円の売値と買値のスプレッドが2円に設定された中で、顧客の輸入（ドル買い）と輸出（ドル売り）とをかき集めれば自動的に利益が出るという、恵まれた収益構造もありました。ですが、明らかに他の銀行業務と違い、成果や評価が「市場」に直結していたのがこの外国為替業務でした。

そこに加わったのが、**日本国債**です。1983年に解禁された国債の窓口販売に続き、1984年には公共債ディーリングが新たな業務として追加されました。従来は新発債を引き受けて満期まで保有していた国債などの公共債を、相場観に基づいて売買したり、機関投資家などの顧客の注文に応じたりするビジネスが始まりました。
銀行にとっては、証券会社が占有していた国債ディーリングを新たな収益源に育てることによって、金融自由化の下で経営基盤を早期に強化させることが主たる目的になりました。折しも、円高不況への対応として日銀が金融緩和政策を採用していたこともあり、金利低下という順風の下で、新業務による収益は順調に拡大していったのです。1985年の**債券先物取引**の導入も、売買益の積み上げに大きく貢献しました。

もっとも、前述した1987年のタテホ・ショックや1990年の湾岸戦争の際には、長期金利が急騰し、国債ディーリングでは損失を余儀なくされる場合もありました。臨機応変に対応可能な為替のディーリングと違い、国債ディーリングは金利低下局面でなければ稼ぎにくい、という構造があるからです。

1990年代以降は、一時的な例外もありましたが、基本的には金利低下局面が続くという外部環境の幸運も手伝って、この新業務は銀行の大きな収益部門に育っていきます。銀行と証券会社の兼業を禁じる「銀証分離」*としての業際問題から、顧客との取引を行う部門は証券子会社に移行されましたが、自己勘定としてのディーリング業務はそ

銀証分離
アメリカが1933年に制定したグラス・スティーガル法にならって、証券取引法第65条で規定された、銀行業務と証券業務の兼業を禁止する規制。利益相反の防止や銀行の健全性維持などが目的とされる。

の後も銀行本体の業務純益を支えることになったのです。

銀行内には、こうした市場ビジネスを「博打的な業務」だと批判的にみる向きがあったのは事実です。伝統的な融資業務の立場からすれば、有価証券を売買して稼ぐビジネスは銀行の本来業務とはいいがたかったためでした。株式のバブルと同様に、金利低下を続ける国債もバブルだ、と指摘されるようになりました。しかしながら、「市場感覚」が融資部門にも必要な時代は、すでに到来していたのです。

従来の銀行融資は、期限まで銀行が債権者でいるのが通例でしたが、アメリカでは1980年代後半に貸付債権の売買市場が生まれ、ローンが社債と同様に流通市場で売買されるようになっていました。これは、厳しい不良債権処理を経て、アメリカの銀行が集中リスクを軽減したり低収益ローンを処分したりするためにつくり上げた市場でした。

しかし、**メインバンク制が主流の邦銀では、融資を売買するという発想はなじみにくかった**のです。ローンに社債と同様の「利回り」が存在すべきという考えも定着しないまま、不動産神話に基づく融資が膨れ上がり、結果としてバブル崩壊とともに不良債権の山に埋もれていきました。邦銀が、融資にも市場原理が必要だと理解したころには、時すでに遅し、でした。

6 海外業務における市場感覚の欠乏

邦銀がバブル期に一斉に海外進出へと舵を切り、不良債権処理の開始と同時に引き潮のごとく撤退していったことはすでに述べました。ただし、今後も国内ビジネス機会の飽和から、邦銀が再び海外に軸足をおく時代がくるかもしれません。当時の過程について、もう少し掘り下げてみましょう。

日本の金融機関の海外進出は、横浜正金銀行が1881年にロンドンに拠点を開設したことに始まりましたが、本格的な海外業務展開は戦後の復興期以降でした。同行の後継としての外国為替専門銀行だった東京銀行を筆頭に、大手都市銀行、そして、日本興業銀行や日本長期信用銀行など長期信用銀行がその役割を担うこととなります。

当初は、日本企業の海外進出にともなう現地での融資や送金など、国内業務の延長でのビジネスが主流でしたが、次第に外国為替やシンジケート・ローンなど国際金融取引においても、欧米の銀行とも肩を並べるようになりました。

また1980年代には証券業務を行うために欧州に設立された銀行系現地法人が、日本の証券会社だけでなく海外の投資銀行とも競い合いながら証券引き受け業務を積極化し、スワップなど金融派生商品市場でも頭角をあらわしていきました。

しかし、アメリカでは大手銀行が徐々に経営力を回復し、1980年代には13行あったマネーセンターバンク*と呼ばれる大手銀行が、1990年代には3行にまで激減するなど、大胆な再編を経て競争力を取り戻しはじめていました。また欧州でも、金融再編の嵐が吹き荒れる中で銀行の統合が加速し、厳しい生存競争が繰り広げられていました。

欧米の金融機関が、再編を通じて確保した厚い資本力や充実した営業力をもとに攻勢をかける中、邦銀も海外市場での融資機会を拡大しようと、日系企業だけでなく現地企業への新規参入を試みました。ただし、大手企業と歴史的なつながりの深い欧米銀行の壁を崩すことは、そう簡単ではありません。

また証券業務に関しても、躍動の原動力となったのは国内の収益力をバックにした親銀行からの有形無形の支援や、バブルの勢いで急増した円関連ビジネス、高い給料での外国人経営者やディーラーの採用といった要因であり、必ずしも持続性を担保する地に足の着いた経営力ではなかったのです。

マネーセンターバンク
世界の主要な金融・資本市場（ニューヨーク、シカゴ、ロンドン、東京、パリなど）で、銀行業のみならず証券業、保険業などの総合金融サービスを行っている巨大銀行のこと。

１９９０年代半ば以降、**国内で不良債権問題が深刻化すると本部からの強力なコミットメントは消え、銀行系現地法人が欧米勢と戦いつづけるための戦力は次第に失せてしまいました。**銀行の大型合併によって、海外の支店や現地法人も再編やリストラの対象となり、優秀な人材も続々と去っていきました。

当時の邦銀による海外金融関連会社への出資や買収の例として、住友銀行によるゴールドマン・サックスへの出資、日本長期信用銀行によるグリニッジ・キャピタルの買収、富士銀行によるヘラー・フィナンシャル買収、第一勧業銀行によるＣＩＴ買収といった案件が挙げられますが、いずれのケースも大成功には至りませんでした。

当時の邦銀の海外戦略を振り返れば、融資や為替、資金だけでなく証券など新規分野に関しても、経営は日本人が行うのが一般的でした。ですが、市場という刻々と変動する座標軸で動いている国際金融の世界を、市場感覚の乏しい経営者が指揮することは明らかに競争力の面で劣後していたのです。

当時の邦銀経営者の市場感覚の欠乏は、国内だけでなく海外でも致命傷になりました。海外金融を買収しても、その実質的経営に入り込めない、というもどかしさも打破できないままでした。それは、21世紀にまで積み残された大きな課題として、今なお邦銀経営を悩ませています。

第5章のポイント！

日本のバブル崩壊：1980年代に不動産や株への投機熱が加速して空前の好景気に沸いた後、1990年初以降の株価下落や1991年以降の地価下落を経て急激に景気が後退し、銀行が巨額の不良債権処理に苦しんだ。

●1989年末の大納会で3万8915円87銭を記録し、どこまで株価が上昇するか国内は浮き足立っていたが、株価は翌年以降、下落を続けた。それでも不動産市場の上昇期待は続き、バブルの余韻はかなり後まで残っていた。

●株価上昇ムードが蔓延し、不動産神話が形成される中、銀行は「特金」の株式投資で収益を伸ばし、本業でも不動産担保融資を拡大していった。

●邦銀は、企業の借入増や金融自由化が進むなか、「2つのコクサイ化」（国債流通市場の拡大と国際ビジネスの増加）を合い言葉に、新たな収益源を模索し、1980年代に短い栄光の時代を迎えた。バブルが進行するなかで不良債権の種となる中小企業やノンバンク、不動産、建設、個人などのセクターへの貸出を増やし、バブル崩壊後は財務状況が一気に悪化した。

●邦銀はバブル期に一斉に海外へ進出したが、不良債権処理の開始と同時に、引き潮のように撤退した。外資系金融の買収においても邦銀の経営者は市場感覚に乏しく、ほとんど成功しなかった。海外戦略は今なお課題である。

解説コラム

不動産バブルは再発するか

市中に出回るおカネが増えれば、株式市場や不動産市場などに余剰気味のおカネが流れやすくなります。金融危機後の量的緩和政策を通じて、そうした気配がアジアや欧州の一部に散見されますが、日本でも東京オリンピック開催などの思惑との相乗効果で、不動産価格の上昇を期待する声もあります。海外マネーが、割安にみえる日本の不動産市場に大量に押し寄せている、といった報道もみかけます。

確かに、世界的に比較すると日本の不動産は割安だ、という指摘はありますが、日本で再び不動産バブルが発生するかどうかという点に関しては、比較的慎重な見方も少なくありません。それは、1990年代の反省から、不動産価格の算定が経済活動に即してきわめて合理的に判断されるようになったことが挙げられます。逆にいえば、過去20年間の長きにわたる低成長時代の感覚が、不動産価格の上昇圧力を心理的に抑制しているのかもしれません。

第6章

ポンド危機で突かれた欧州通貨制度の綻び

ヘッジファンドの台頭と通貨制度の脆弱さ

1990年	東西ドイツ統合
1991年	フィンランド・マルカの大幅切り下げ
1992年	スウェーデン・クローネが為替相場メカニズム（ERM）離脱
	マーストリヒト条約調印
	ポンド危機
	イギリスが敗北宣言し、ERM離脱
	イタリア・リラもERM脱退
1993年	マーストリヒト条約に基づいて欧州連合（EU）発足
1994年	欧州通貨機構（EMI）設立
1999年	欧州共通通貨ユーロ導入

1 1992年9月17日 ソロスはなぜポンドを狙ったのか?

ロンドンは今も、国際金融センターとしてニューヨークと並ぶ位置を占めています。外国為替取引に限っていえば、文句なしに世界の中心です。そのロンドン市場で1992年秋に、イギリスの通貨であるポンドが売り浴びせの集中攻撃を受けました。

ポンド売りを仕掛けたのは、ジョージ・ソロス氏（**写真**）率いるヘッジファンド「クウォンタム・ファンド」（後述）です。これに他の市場参加者も追随し、その売りに対して利上げやポンド買い介入で必死に防戦したのが英中銀（イングランド銀行）でした。

当時、欧州には通貨間の変動幅を上下2・25％に定める「欧州通貨制度（EMS：European Monetary System）」が存在していました（1999年のユーロ導入まで継続）。同制度の下、参加国はその変動幅を超えないように政策金利の調整や為替介入などに

ジョージ・ソロス（1930〜）
ハンガリー生まれのヘッジファンド・マネージャー。1992年のポンド売りで、英中銀を打ち負かした男として一躍有名に。

よって為替レートを一定幅に維持する「欧州為替相場メカニズム（ERM：European Exchange Rate Mechanism）」を遵守することが求められていました。

しかしながら、ヘッジファンドに狙い撃ちされたポンドは、英中銀の必死の介入にもかかわらず、１９９２年9月15日に対西独マルクに対する下限を割り込んだのです。そして翌日には公定歩合が10％から12％に引き上げられましたが、それでもポンドの下落は止まらず、英中銀はさらに15％にまで引き上げるという異例の措置を採りました。それでもポンド売りは止まりませんでした。

9月17日に、イギリスはついに敗北宣言を行います。為替相場メカニズムからの脱退を発表し、変動相場制に移行したのです。世界が固唾《かたず》を呑んで見守っていたこの通貨攻防は、ヘッジファンドの勝利に終わったのでした。イギリスの財務省と中央銀行の「マジノ線《境界》」は破られ、ポンドは為替相場メカニズムを外れて変動相場制に移行することになりました。イギリスと同様に、通貨の下落を止められなくなったイタリアも、為替相場メカニズムからの脱退を発表しました。

これは、「ファンダメンタルズから外れた為替レートはいずれ修正される」という市場の見方が、経済実態にそぐわなくなった制度を破壊した、ひとつの事件でもありました。

その**市場の流れを加速させたひとつの要因は為替オプションだった**、という見方がありま す。オプションの概念については、第4章で述べたとおりです。

為替オプションは、為替リスクの抑制が本来の利用目的ですが、一方では、少額の資金で大きな元本取引が可能になる、というレバレッジ構造を持っています。ヘッジファンドがこの「ポンド危機」を制したのも、マルク買い・ポンド売りのオプションを大量に利用したからかもしれません。

このポンド売り攻撃に、イギリスは対抗できませんでした。もっとも同国は、元祖「基軸通貨の国」として、過去に何度も「ポンド危機」に遭遇しており、割高なポンドを維持することの難しさを熟知していました。敗北を認めると即座に公定歩合を大幅に切り下げ、ポンド安を利用した景気回復への道を歩みはじめたのでした。このあたりは、イギリス流のしたたかさを感じるところです。

それは、1999年に共通通貨ユーロが誕生したときに、その欧州の最大プロジェクトにあえて参加しなかった史実にも関係しているとみてよいでしょう。硬直的な制度に縛られれば、国内経済を犠牲にする政策を強いられるからです。1992年のポンド防衛のための高金利も、国内産業には大打撃でした。

為替相場は変動制に限る、財政政策や金融政策もフリーハンドを持っていたほうがよい、という当時の「ユーロ不参加」の判断が、21世紀のユーロ債務危機の最中にイギリス国内であらためて高く評価されたことは、いうまでもありません。

2 欧州通貨制度が生まれるまでの歩み

ここで、欧州通貨制度の概要を振り返っておきましょう（図6－1）。

欧州にはすでに1920年代から共通通貨への意識が芽生えていましたが、具体的に為替レートの安定性に対する必要性に目覚めたのは、第2次世界大戦後でした。

経済共同体へのステップとして、1951年の欧州石炭鉄鋼共同体、1957年の欧州経済共同体、欧州原子力共同体といった組織が発足した後、1970年には経済通貨同盟への計画をまとめた「ウェルナー報告」[*]が公表されました。ただしこのプロジェクトは、第1章で述べた1971年のニクソン・ショックの余波で、いったんお蔵入りとなっています。

そして、欧州主要6カ国は、スミソニアン協定においてそれぞれ通貨の変動幅が上下2・25％

ウェルナー報告
1970年に、ルクセンブルクのウェルナー首相を議長とする委員会が、固定為替相場から10年後の欧州通貨統合を目指してその道筋を示した報告書。その計画は、ニクソン・ショックやオイルショックで挫折した。

図6-1　欧州通貨制度の歩み

1970	ウェルナー報告
1971	ニクソン・ショック
1972	スネークの開始
1979	欧州通貨制度(EMS)の発足 欧州通貨単位(ECU)の新設 為替相場メカニズム(ERM)の導入
1990	イギリスがERMに参加 東西ドイツ統一
1992	イギリスがERM離脱
1993	マーストリヒト条約発効
1994	欧州通貨機関(ECBの前身)を設立
1999	ユーロ導入

に設定されたことを受けて、加盟国の為替相場を同様に上下2・25％の幅での変動に抑える独自のシステムを導入しました。それが「トンネルの中のスネーク」（図6－2）と呼ばれる制度です。対ドルの変動幅がトンネルで、欧州諸国通貨同士の変動幅がその中で動くスネーク（蛇）のように見えるというのが、その名前の由来です。

ただし、1973年の変動相場制への移行により、対ドルでの変動幅制限が消滅したため「トンネル」はなくなり、欧州内の「スネーク」だけが残ることになりました。もっとも、その制度も安定的に運営されていたとはいえません。オイルショックなどの外的要因で経済状態が

図6-2　トンネルの中のスネーク

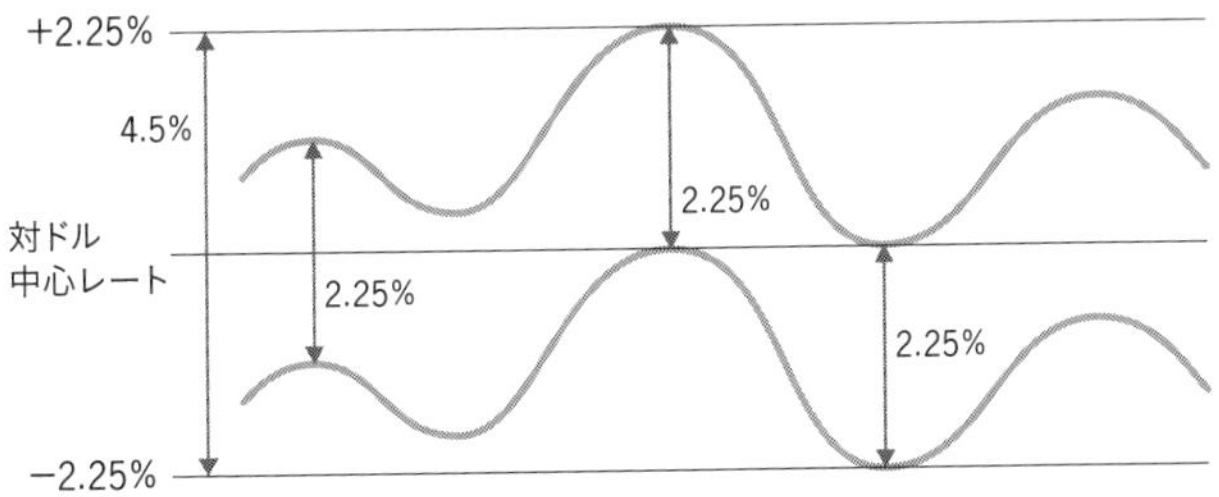

悪化するなど、各国通貨にもさまざまな圧力が加わったためでした。

本章の主役である英ポンドも、1972年5月にスネークに参加した翌月に、早々に脱退しました。フランスやデンマーク、スウェーデン、イタリアなども離脱と復帰を繰り返しています。結果的に、欧州内で最も安定していた通貨は西独マルクであり、1977年にスネークに残ったのはドイツとベネルクス3国、そしてデンマークのみ、という状況でした。

こうした不安定な為替相場の下で、ドイツとフランスが中心になって「ウェルナー報告」の再検討を開始し、1979年に誕生したのが欧州通貨制度です。その主なポイントは、ユーロ導入前の通貨単位ＥＣＵ（European Currency Unit）という通貨バスケットを創設することと、２国通貨間での為替変動幅を上下２・２５％以内（ただし、イタリアだけは上下6％以内）に抑えること、の2点でした。

ＥＣＵは、当時の各国のＧＤＰシェアや貿易シェアに基づいてウェイト付けされた「計算単位」であり、通貨そのものではありません。ですが、１９８０年代以降は銀行預金や資本市場において利用されるようになり、のちのユーロにつながる先駆けとなったのでした。

また欧州通貨制度の下で設定された為替相場メカニズムは、１９８３年以降、欧州諸国間の為替レートに安定化をもたらしました。当時景気後退に陥っていたイギリスは、この制度の下でのポンドの安定化に期待し、１９９０年に欧州通貨制度に参加することになったのです。

しかし、為替相場メカニズムの安定も長続きはしませんでした。欧州国内では経済力の違いが徐々に目立ちはじめ、特に、好調なドイツ経済と脆弱なイギリスやイタリアなどとの経済格差は拡大傾向にあったのです。

その格差は、制度上の為替変動幅を正当化できない水準でした。すなわち、ポンドやリラは、マルクに対してさらなる切り下げを必要としていたのです。ヘッジファンドは、その弱点を見事に突いたのでした。

3 欧州通貨制度を脅かしたドイツ統一

1992年秋にポンドとリラが為替相場メカニズム離脱を余儀なくされた背景として、両国固有の問題のほかに、欧州の通貨体制を揺さぶった外部的な要因を、2つ挙げることができます。

ひとつは、マーストリヒト条約*をめぐるフランスの国民投票において、批准手続きが否決される可能性を市場が不安視したことです。

1992年2月に欧州諸国は、欧州連合の創設を定めたマーストリヒト条約に調印した後、各国で批准手続きが進んでいましたが、デンマークでは国民投票で批准が否決され、フランスでも否決されるのではないか、という懸念が強まっていました。結果的に同国では僅差で可決されましたが、市場では、欧州連合の先行きへの不安が、通貨不安となってあらわれました。

しかし、欧州通貨制度の安定性を脅かした最大の要因は、1990年のドイツ東西統一です。その統一に関わるコストは同

マーストリヒト条約
1992年に調印され1993年に発効した欧州連合条約。ユーロ導入と欧州共同体、共通外交・安全保障政策、司法・内務協力の3つの柱の導入が規定された。

国の高金利政策をもたらし、利上げがマルクを上昇させることになったのです。結果的に、ポンドとリラとの乖離幅は広がっていきました。

１９９０年10月に当時の西ドイツと東ドイツが統合した「ドイツ再統一」は、１８７１年の「ドイツ統一」と並んでドイツ最大の歴史的事象ですが、それは世界にとっても衝撃的な出来事でした。前年にベルリンの壁が崩壊し、事実上、東ドイツが西ドイツに編入されることになったのです。

ドイツ統合の重要な経済課題は、東西の経済格差をどう縮小し解消していくか、という点でした。その際に採用されたのは「東西のマルクの交換比率を１：１にする」という政治的な判断に基づく通貨制度であり、それが産業競争力という面で旧東ドイツ経済の大きな圧迫要因となることは明らかでした。

そうした状況下、ドイツ政府は旧東ドイツへの積極的な支援を行うことを決定したため、財政支出増とインフレが生じ、金融政策は引き締めに向かわざるを得なくなります。それがドルに対するマルク高を誘引し、為替相場メカニズムに緊張を生じさせたのでした。

先に述べたように、１９８３年以降は為替相場メカニズムがうまく機能し、欧州通貨間の為替レートには安定感がみられていました。為替リスクが小さいと判断されると、市場には為替市場を利用した利ザヤ稼ぎが広がっていきます。たとえば、低金利のマルクを売って、高金利のリラを買う、といった取引です。現在の言葉でいう「キャリー取引[*]」です。為替レートが安定していれば、低金利通貨での調達と高金利での運用はきわめて旨味のある取引になります。1980年代の欧州市場では、こうした取引が流行していました。つまり、低金利通貨のマルクに「売りポジション」が蓄積されていたのです。

ドイツ再統一を契機とする引き締め政策は、状況を一変させました。もはや低金利通貨ではないマルクを、一斉に買い戻す動きが出てきたのです。マルクには買いが殺到して相場上昇の一途をたどる中、高金利で割高水準に吊り上げられていたポンド、リラ、スペイン・ペセタといった通貨は売り込まれることになりました。スペインは、為替レートを5%切り下げることで何とか為替相場メカニズムにとどまったのでした。

前述したソロス氏率いるヘッジファンドの「クウォンタム・ファンド」は、こうした為替市場の動きをつぶさに観察し、ポンドに狙いをつけていました。結果として彼らは10億ドル以上の利益を上げたといわれますが、1992年にいきなり世界の脚光を浴びたこのヘッジファンドという組織は、いったいどんな存在なのでしょうか。

キャリー取引
もともとは短期の低金利調達による利ザヤ稼ぎを示す言葉だが、為替市場では低金利で借り入れた資金を他の高金利通貨で運用する利ザヤ稼ぎの取引を指す。円を借りて豪ドルなどで運用することを「円キャリー取引」と呼ぶ。

4 台頭するヘッジファンドとは何者か？

ヘッジファンドの「ヘッジ」とは、文字どおり「リスクを回避すること」です。その意味で、1949年にアルフレッド・ジョーンズが立ち上げたファンドが、世界最初のヘッジファンドといわれています。1900年にオーストラリアで生まれた同氏は、社会科学者であり、また、経済ジャーナリストでもありました。

ハーバード大学を卒業して大使館勤務などを経たのち、彼はコロンビア大学で社会学の博士号を取得し、フォーチュン誌で記事を書くことになりました。そこで株式市場に強い関心を抱き、独自の投資アイデアを育んでいったといいます。彼は4万ドルの自己資金をもとに、4人のパートナーとともに10万ドルのファンドをつくり、初年度早々に17％もの高いリターンを上げたそうです。

ジョーンズは、株式市場の動向を正確に予測することは難しく、従来型の運用方法には限界があるのではないか、と考えていました。むしろ運用に必要なのは、市場の乱流に耐えられて、なおかつ利益が上げられる手法だ、という思いを強くしていきます。

さまざまな思考の結果、彼が到達した運用コンセプトは、次の2点でした。

・借入れを行ってレバレッジを使うこと
・割高とみられる株式は空売りすること

どちらも、当時はリスクの高い手法とみられており、明らかに従来の長期保有型ファンドとはスタイルが異なるものでした。

それでも、このジョーンズの新型運用手法の成功は、若いファンド・マネージャーたちのヘッジファンド設立への意欲をかき立てました。ジョージ・ソロス氏も、そのひとりでした。もちろん、ジョーンズが設立した世界最初のヘッジファンドは、同氏亡き後も、今なお健在です。

したがって、**ヘッジファンドを厳密に定義しようとすれば「レバレッジ利用と割高銘柄の空売りを基本戦略におく」もの**、となるでしょう。ソロス氏のヘッジファンドが為替オプションを利用してポンド売りを行ったのも、「レバレッジと空売り」の路線に沿ったものです。

1990年代にはすでに、イギリスやアメリカでヘッジファンドが多数設立されていました。株式市場や為替市場だけでなく、新興国や先進国の国債市場、あるいは、金利スワップや金利オプションなどの派生商品市場でも、ヘッジファンドの存在感は日々増大していきました。

やや話題は飛びますが、バブルが崩壊した日本で1990年代に低金利政策が進んだときも、ヘッジファンドは低金利の円売り・高金利のドル買いというキャリー取引を開始しました。そのポジションの積み上がりによって、1998年には為替市場でドル円が147円台まで上昇することになったのです。

しかし、当時ロシア国債を大量に購入していた大手ヘッジファンドのLTCM（後述）が、ロシア危機の煽りで破綻寸前と報じられると、1998年9月にドル円には一気に巻き戻しの動きが生じました。ほかのヘッジファンドも一斉に円買い・ドル売りに走り、10月にはドル円は110円台まで下落しました。その過程において、巨額の損失を強いられたファンドは少なくなかったようです。これは、ドイツ再統一を契機にマルク買い・ポンド売りが起きたのと同じ構造であり、ヘッジファンドという役者が一枚噛んでいたことも相似形でした。

ヘッジファンドはその後も急速に規模を拡大していきましたが、次第に「レバレッジと空売り」の基本方針から外れて、**より「レバレッジ」に軸足を置く投機的な運用集団が増えていきました。**従来型の「空売り型」も残ってはいますが、昨今のメディアでしばしば市場を荒らす存在として報じられる一部のヘッジファンドは、オリジナルのジョーンズ・スタイルとはかなりタイプが異なります。

5 ユーロがはらむ「国際金融のトリレンマ」

ポンドとリラが為替相場メカニズムから離脱し、ペセタが大幅に切り下げられた後も、欧州の為替市場では動揺が収まりませんでした。依然としてドイツとの経済格差が大きいとみられていたスペイン、ポルトガル、アイルランドなどの国々が、通貨売りを浴びせられました。

1993年に入って、特にペセタに対する売りが強まり、その余波を受けるように仏フランにまで投機的な攻撃がみられはじめます。その売り攻勢はデンマーク・クローネやベルギー・フランにもおよび、同年7月末にはついにマルクと蘭ギルダーを除く加盟通貨の上下変動幅は、従来の2・25％から15％へと一気に拡大されました。

これは、為替相場メカニズムがもはや機能しなくなったも同然でした。スミソニアン協定以来、欧州諸国の間で共有されてきた「固定為替相場」への理念は崩れてしまったかに思えましたが、欧州諸国の悲願ともいうべき為替安定性への模索が、これで終わることはありませんでした。

欧州は、1993年に発効したマーストリヒト条約に基づいて「欧州連合（EU：European Union）」を発足させ、1994年にはECB（欧州中央銀行）の前身となる欧州通貨機構（EMI：European Monetary Institute）を設立して、究極の固定相場制度である共通通貨の導入に向かって舵を切っていたのです。

ただし、最強通貨を持つドイツは、共通通貨構想にそれほど熱心ではありませんでした。**マルクを捨てて共通通貨を採用するということは、「最強」から「並み」の立場に落ちることを意味する**からです。前述のとおり、ワイマール共和国で体験したハイパー・インフレの再現を極度に嫌悪するドイツには、インフレを招く可能性のある通貨安は許すことができませんでした。同国には「通貨は強くあるべし」という観念がしみついているのです。

そんな**ドイツに共通通貨の採用を迫ったのは、フランス**でした。フランスは過去の経緯から、ドイツが最強国として蘇ることになる東西再統一を支持することには消極的でした。しかし、時代の波を押し返すことはできません。フランスは、ドイツを共同体の中に封じ込めるために、東西再統一の条件として共通通貨の導入を持ち出したのです。

1999年に導入されたユーロは、共通通貨でありながら要件であるはずの財政政策統一をともなうものではなく、その裁量権は各国が維持したままという不完全なものでした。それは、経済的な議論を詰め切る前に、ドイツとフランス間の政治的妥協でやや強引に進められたプロジェクトの姿を示しています。ユーロが政治的通貨であって必ずしも経済合理性を備えた通貨ではなかったことが、2009年の通貨危機で判明することになります(後述)。

国際金融の世界では、第1章でみたように、**「固定為替制度」と「独自の金融政策」、そして「資本移動の自由」という3つ政策は同時に成立し得ない**、というトリレンマがあります。その意味でいえば、欧州における共通通貨という理想像は、各国が金融政策判断を欧州通貨機構の後継機関としてのECBに委ねることで、初めて成立することになったのでした。

いい換えれば、自由な資本移動を促しつつ、欧州各国の中央銀行がそれぞれ独自の金融政策を行う中で固定相場制に執着することは、実現不可能なことです。ヘッジファンドがその弱点を突き、自国経済を優先するイギリスが金融政策の独立性を維持するために早々に半固定相場的な為替相場メカニズムを離脱したのは、至極当然の成り行きだったといえるでしょう。

6 欧州通貨危機に巻き込まれた北欧

欧州通貨危機は、いわゆる西ヨーロッパの話題として受け止められがちですが、実際には北欧をも巻き込んだ危機でした。一般に北欧諸国といえば、教育水準が高く社会保障がいきわたり、企業の競争力も強く、財政赤字や経常赤字が軽微な「最も住みやすい地域」というイメージが強いのではないでしょうか。

それは決して間違いではありませんが、彼らもまた、1990年代には国家運営を揺さぶられるほどの危機に遭遇していたことは、それほど知られていません。たとえばスウェーデンは1992年、政策金利を500%に引き上げなければならないほどの苦境に陥っていたのです。

この法外な金利政策は、同国通貨のクローネが、為替相場メカニズムで定められた変動幅の下限を割り込むことを避けるための措置でしたが、結果的にスウェーデンも、イギリスやイタリアと同様に、この為替相場メカニズムから脱退することになりました。

スウェーデンは経済拡張のために積極的な財政支出を行った結果、日本同様に1980年代後半に不動産バブルが発生し、1990年にはその崩壊に直面しました。大手銀行が不良債権処理で苦境に陥ったのも、日本と同じです。

景気後退が深刻化する中で、前述のように欧州通貨制度に危機が訪れるとスウェーデンも「売りの対象」となり、通貨防衛のための超高金利政策を採用したにもかかわらず、変動相場制に移行せざるを得なくなったのです。

また、隣のフィンランドにも同じように、バブル崩壊と金融危機の苦境が待ち受けていました。同国にはさらに、1991年のソ連崩壊による輸出の急減という逆風も加わり、欧州経済の中でも最も厳しい経済運営を迫られていました。

フィンランドは為替相場メカニズムに参加していませんでしたが、通貨マルカをユーロ導入前の通貨単位ECUに固定化していました。そのレート維持が難しくなって1991年に大幅切り下げを行ったことが、翌年の英ポンドや伊リラ売りを誘発する材料になった、との見方もあります。**危機の前兆はまず最も脆弱な場所で発生する**ことを、フィンランドの例は示しているのではないでしょうか。

ただしこの2国は、その後急速な金融システム再建と景気回復を果たし、バブル崩壊の後遺症でもたついた日本経済と好対照の結果を残しました。経済規模の異なる北欧と日本を単純に比較することはできませんが、たとえば、スウェーデンで実施された**大胆な不良債権処理や環境税導入などの税制改革、厳しい財政歳出抑制策、そして年金制度改革など、政治的な改革意欲の強さが早期再建の理由**としてよく挙げられます。私たちにとっては、実に耳の痛い指摘です。

第6章のポイント！

ポンド危機：1992年にイギリスがジョージ・ソロス氏率いるクウォンタム・ファンドに大量のポンド売りを仕掛けられて為替レートが急落、英中銀の必死の介入もむなしく敗北宣言を行って、欧州為替相場メカニズム（ERM）から離脱した。

● 欧州では1920年代から共通通貨への提言がなされ、第2次世界大戦後には為替レートを安定させる必要性が叫ばれていた。1979年に欧州通貨制度（EMS）が誕生し、のちのユーロにつながった。また為替相場メカニズムは欧州諸国間の為替レートに安定化をもたらすと期待されたが、欧州諸国の経済格差は拡大傾向にあり、為替変動幅が正当化できなくなったポンドは、その弱点を突かれることになった。

● 欧州通貨制度の安定性を脅かした重要な要因のひとつは、1990年のドイツ東西統一だった。

● 1993年にマーストリヒト条約に基づいて欧州連合（EU）が発足、翌年には欧州通貨機構（EMI）が設立され、共通通貨制度導入に向かった。1999年にユーロが導入されたが、共通通貨でありながら、その要件である財政政策の統一をともなわない不完全なものであり、現在もその課題を抱えている。

解説コラム

ドイツと日本

日本やドイツはこれまで「輸出立国」というイメージを持たれていましたが、日本の輸出依存度は今や10%台へと低下しており、30%台を維持するドイツとの経済構造の差異が目立っています。通貨価値が下がれば輸出が増えて景気が上向くという過去の常識も、徐々に薄れています。それは、日本企業の海外進出が進んだことや、伝統的な輸出産業であった電機業界の競争力が低下したことなどが背景にあります。

一方で、日本の2倍以上の輸出総額を誇るドイツは、ユーロという共通通貨に参加しているため、その通貨安の恩恵にあずかっているとの指摘もありますが、やはり、ドイツの輸出の強さは価格競争力や欧州内での販売力の強さによるものといえるでしょう。また、アジアでも共通通貨が構想されたことがありましたが、政治的対立が絶えない中での通貨統合は困難であり、ユーロ危機の教訓などからも、あらためてその難しさが認識されています。

第7章
P&Gなど事故多発…デリバティブズの挫折
金融工学の暴走とリーマン危機への伏線

1994年	2月	FRBが5年ぶりに利上げ
		P&Gのデリバティブズ事故
	3～5月	FRBがさらなる利上げ
	10月	P&Gがバンカース・トラストに損害賠償請求訴訟（96年に和解）
	12月	ロサンゼルス州オレンジ郡倒産
1995年		ベアリング・ブラザーズを蘭INGが買収
1998年		バンカース・トラストをドイツ銀行が買収

1

1994年2月22日 P&Gのデリバティブズ事故はどのように起こったか?

その日、おむつや洗剤などの世界的メーカーとして知られるアメリカのプロクター・アンド・ギャンブル（P&G）の財務担当者は、取引銀行であるバンカース・トラスト（以下、バンカース）から一本の電話を受けました。それは、前年の1993年11月に同行と行った、ドル建て金利スワップに関する情報でした。

バンカースの担当者によれば、1994年2月4日にFRBが5年ぶりとなる0・25%の利上げを行ったことで、同社がバンカースに支払う金利がかなり高くなりそうだ、というのです。それは、P&Gが想定していたのとまったく正反対のシナリオが進行していることを意味していました。

P&Gに限らず、**1990年代に入ってからは、デリバティブズ（金融派生商品）を利用して有利子負債のコストを下げることが大手企業財務の仕事のひとつ**となりました。FRBは1989年以降、政策金利を段階的に引き下げており、市場には低金利が当面継続するといったムードが蔓延していました。P&Gは、当時約5億ドルと見積もられていた年間負債コストを、1億ドル程度縮小させたいと考えていたのです。

当時、金融派生商品に関して世界ナンバーワンの評価を自他ともに認めていたバンカースに、P&Gはコスト削減のスキーム開発を依頼しました。両社の間には、1992年11月に締結されていた名目元本2億ドルの金利スワップ[*]がありましたが、P&Gはこのスワップのうち半分の条件を変更して、低金利が続く環境をうまく使って利益を生み出すことができないか、と相談を持ちかけたのでした。

そして1993年11月、両社は新たな条件でのスワップ契約を結び直すことで合意します。5年間の取引で、P&Gがバンカースに変動金利を支払い、逆に同行から固定金利を受け取る条件でした。変動金利の見直しは6カ月ごとであり、次回の金利更改は1994年5月の予定でした。

ところが、2月22日にかかってきた電話は、P&Gにとって悪夢の前触れでした。バンカースによれば、上昇したドル金利をベースに計算すると、P&Gが支払う変動金利は基準金利であるC[*]Pレートを約4・5%上回ることになり、追加コストは4000万ドル以上になる、というのです。その電話の内容に、同社の財務担当者は驚きのあまり声も出なかったでしょう。

金利スワップ
同一通貨間で異なる種類の金利を、取引の当事者間で交換すること。最も多いのは、固定金利と変動金利の交換で、企業や金融機関が金利変動リスクを回避するために利用されることが多い。

CPレート
企業が短期資金を調達するために発行する無担保約束手形（コマーシャル・ペーパー）の金利水準。投資家保護のため、発行に際しては格付け機関による格付けが義務づけられている。

しかも、悪夢はそこで終わりませんでした。FRBのグリーンスパン議長は3月、さらに4月にも0・25％ずつ利上げを行い、5月には0・5％もの引き上げを行ったのです。P&Gが支払う変動金利は2ケタ％を超える公算となり、金利更改の段階でP&Gはスワップ締結時の想定と比べて1億9550万ドルもの追加コストを負担せざるを得なくなっていました。

P&Gは同年10月、バンカースがリスクを十分に説明しなかった、として同社を相手取り、損害賠償を求めて訴訟を起こします。バンカースは、P&Gには政策金利動向を十分に予想する能力があり、追加コストの計算も可能だったと反論しましたが、結果的には7800万ドルを支払って和解することになりました。

しかも、バンカースにとって、こうしたトラブルで争う相手はP&Gだけではなかったのです。同様のデリバティブズをめぐる損失で、グリーティング・カード大手のギブソン・グリーティングなど3社と和解するため、合計9300万ドルの支払いに応じることとなりました。

これは、**リスク管理能力が不十分な相手に、不当な商品を販売した銀行側に大きな責任がある、という世論を反映したトラブル処理**でした。後述するように、確かにバンカースには多大なる過失がありました。同行に、責任回避の抗弁の余地はありません。

ただし、金融緩和のぬるま湯につかって自己管理できないまま危険な取引に手を染めた企業財務にも、過失があったことは否定できません。商品提供側の銀行だけに責任を押しつけた結果、その後もデリバティブズ事故が絶えない金融風土の形成につながったといえるでしょう。

2 市場も唖然としたスワップと銀行のモラル喪失

では、P&Gが巨額の損失を被った金利スワップとは、いったいどんな内容だったのでしょうか。その公式は**図7－1**を参照していただくとして、大まかにいうと、同社がバンカースに対して変動金利を支払い、同銀行から5・3％の固定金利を受け取るという取引でした。その5・3％の受け取りは、おそらく既存債務の固定金利支払いに充てたものだったのでしょう。

P&Gは、5・3％で銀行から借り入れた資金のコストを、このスワップを通じて変動金利に切り替えたのです。半年ごとに更改されるその変動金利は、期間30日のCPレート

図7-1　P&Gの金利スワップの仕組み

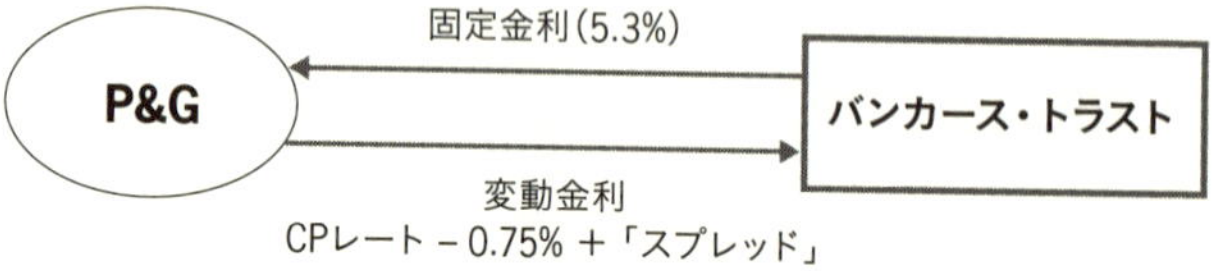

「スプレッド」は{　}内右側の公式とゼロの大きい方と定義される

$$\text{スプレッド} = \mathrm{MAX}\left\{0,\ \frac{98.5 \times (A / 5.78\%) - B}{100}\right\}$$

・A＝米国5年CMT利回り
　(5年CMTとは米国の理論的な5年国債を指す)
・B＝米国30年国債の価格

の毎日の平均金利から0・75%を差し引き、一定の「スプレッド」を足したもの、として定義されていました。

1993年11月に取引を行った際のスプレッドはゼロでした。したがって、Ｐ＆Ｇが支払う変動金利は、ＣＰ平均レートよりも0・75%低い金利となっていました。このとおりなら、同社は金利負担をかなり節約できます。同社は、次回の金利更改にも同じことが起きると期待していたのです。ちなみにその取引では、翌年5月の金利更改日のスプレッドが満期まで一定になる仕組みでした。

しかし、その「スプレッド」は大変複雑な公式で規定されていました。ひと言でいえば、金利が上昇しなければＰ＆Ｇ

の思惑どおり、変動金利を低水準に抑え込める一方、**金利が上昇しはじめれば、変動金利が途方もなく上昇してしまうスキーム**だったのです。

改めて図7―1の公式を見てみてください。当初、スプレッドがゼロだったのは、MAX内の後ろの項目がマイナスだったからです。たとえば、Aが5％でBが102・50だったとすればマイナス0・17になるので、スプレッドはゼロかマイナス0・17のうち大きいほう、すなわち、ゼロになります。

でも、金利が上昇してAが6・5％になり、Bが85へ下落したとすれば、後ろの項目はプラス0・26となるので、スプレッドは0・26と決定されます。これは26％を意味するので、P＆Gが支払う変動金利はCP平均レートから0・75％を引いた後に26％を足すという大変な金利水準になってしまうのです。

金利上昇局面において損失を最小限に食い止めるために、P＆Gはスワップ契約を中途解約することもできたはずです。しかし、同社は訴訟によって損失を取り戻す方針を推し進め、結果的に2億ドル近い損失を被ることになったのでした。

この訴訟の過程でバンカースが不利な立場に追い込まれたひとつの理由は、同行のデリバティブズ部門のスタッフ同士が電話で交わした通話記録にありました。別の企業とのデリバティブズ取引を行った後に、行員間でやりとりされた次のような会話が明らかになったのです。

A「彼らは知らないだろうな、どれだけこの取引でむしり取られたかなんて、あいつらにわかるわけないよ」

B「絶対にわからんだろうな」

A「それがバンカース・トラストの美というもんさ」

この傲慢さと無責任さ、そしてモラルの低さが社会にあぶり出され、バンカースは一瞬にして信用を失墜し、市場や取引先からの信頼感を失いました。今日、こうした企業リスクは「レピュテーション・リスク」と呼ばれます。

繰り返しになりますが、確かにP&Gにも脇の甘さがありました。公式が複雑とはいえ、ある程度の財務知識があればそこに伏在するリスクは把握できたにもかかわらず、目先の利益を追いかけてこうした取引を締結してしまったからです。株主に対する経営責任が、まったくないとはいえません。

ただし、バンカースの責任はそれ以上に重いものでした。１９９６年に同社と和解した後、再びデリバティブズ業務を中心に立て直しを図ろうと経営陣を刷新しましたが、失われた信用が早期に回復することはありませんでした。１９９８年に同行はドイツ銀行に買収され、名実ともに国際金融の世界から消え去ることになったのです。

3 汚されたデリバティブズ機能

スワップやオプションは、１９８０年代に急速に発展したデリバティブズであり、特に金利スワップは企業が財務コストを低減するために、為替オプションは企業の輸出入に関わる為替リスクを低減するために、積極的に活用されるようになりました。双方ともに**実需に密着したリスク管理手段として利用されている限り、大きな事故が起きることはほとんどなかった**のです。

金利スワップを原資産とするオプションである「スワップション」という複合的な取引も、実務的には大変な流行となりました。スワップにおいて、金利に関する相場観を挿入することで、より有利な経済効果を得ようとする高度な取引です。その利用は事実上プロフェ

図7-2　スワップの仕組み

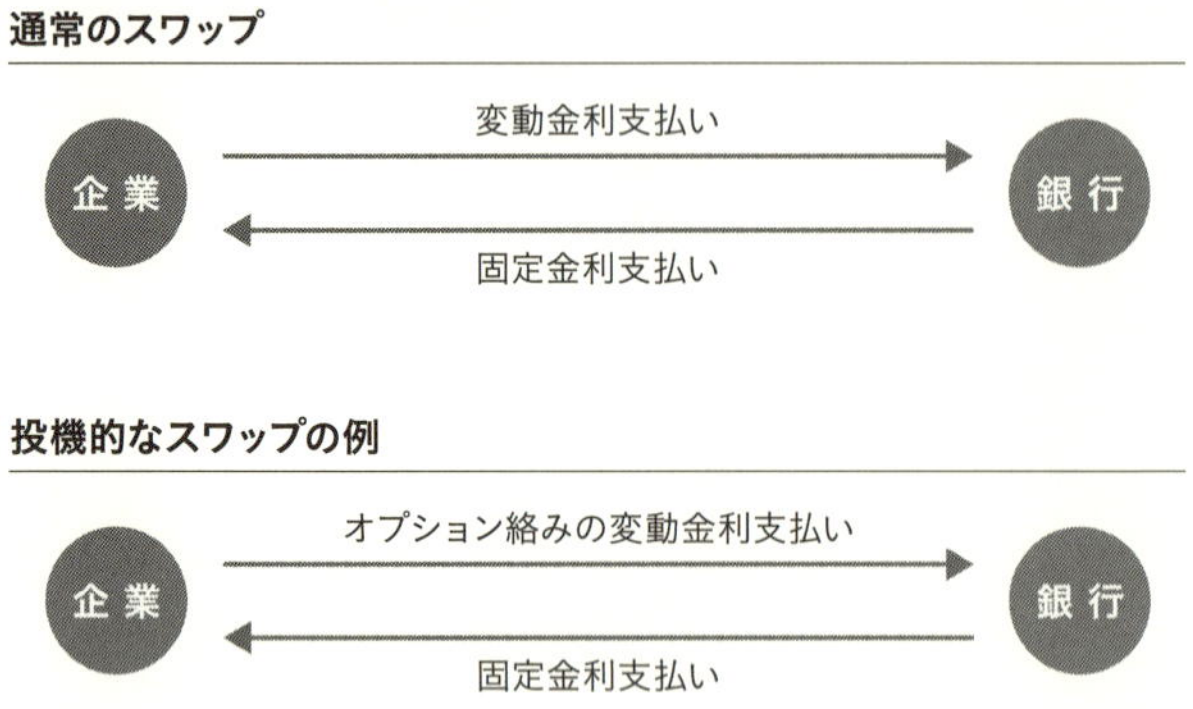

ッショナルに限定されていたこともあり、これも事故につながるようなケースはまれでした。

しかし、P&Gのようにリスク管理の甘い財務戦略が採られたり、第4章のブラック・マンデーの経緯でみたように、**機関投資家が「リターンの向上」を意識してデリバティブズを積極的に利用しはじめたりすると、様相が変わってきます**（図7－2）。日本においても、低金利の運用環境という逆風に対抗するために「日経平均リンク債」といった、金利や元本が株式指数に連動するような投機的商品を購入する機関投資家が増えはじめていたのです。

たとえば、10年国債利回りが2％台となれば、5％といった従来型の負債コストでの運用を強いられる年金や保険などの投資家は、より利率の高い社債や地方債、あるいは為替リスクを取って外債などを購入せざるを得なくなります。

ただし、信用力の高い発行体の債券で5％の利回りを得ることは難しいですし、為替は円高方向へと動くこともあります。そこで株式市場など別のリスクを取って、そのリスクに見合うプレミアムを表面利率に上乗せすることを考えるようになります。いわゆる「仕組債」[*]です。

バブルを背景に誰もが株価上昇の夢を追いつづけていた1980年代後半に、日経平均リンク債を購入した機関投資家が、その後の株暴落で投資元本すべてを失うケースも散見されました。

それは、機関投資家が事実上日経平均のプット・オプションを売ることで、目先のリターンを向上させるスキームでした。オプションを売ることは、きわめて高いリスクを取ることを意味します。彼らもまた、前述したP＆Gのケースと同様に、相場の読みが外れたために予想外の損失を被ることになったのです。

また、各国の金利差を使って利ザヤを稼ごうとするタイプの通貨スワップ[*]も登場しました。たとえば、5年間にわたって高金利の豪ドルを受け取り、低金利の日本円を支払う、という取引です。

仕組債
スワップやオプションなどデリバティブズを組み込むことで、市場変動によってクーポンや元本が大幅に変化する、特殊なキャッシュフローを持つ債券のこと。

通貨スワップ
取引当事者間で、ドルと円など異なる通貨間での金利と元本を交換する取引。

これは、豪ドル・円の為替相場が安定していたり上昇していたりする限りは、利益が上がります。企業財務は、為替リスクヘッジという名目で、こうした取引に飛びつきました。

ただし高金利通貨は、インフレ防衛や外資流入体制の維持といった固有の理由があって高金利になっていることが一般的です。常に為替変動リスクにさらされており、一度市場に弱みを握られれば、大幅に下落してしまうことが少なくありません。そうなれば、数パーセントの利ザヤなど、軽く吹き飛んでしまいます。

こうして**オプションやスワップは本来のヘッジ目的から外れて、投資家や企業が投機的に利用する道具に変質していきました。**前述のP&Gの損失例は、その最たるものだった、といえるでしょう。

4 銀行のインセンティブ

P&Gとバンカースのデリバティブズ事故に関しては、双方に問題があったとはいえ、銀行側により重い責任があったことは認めざるを得ません。では、法外な取引に対して銀行内部でブレーキ機能が働かなかったのはなぜでしょうか。

バンカースに限らず、1990年代の米銀に対しては株主から厳しい「利益要請圧力」がかかりはじめていました。**機関投資家が銀行への投資を続けるために、経営者に対して他業種と同様の、あるいはより高い株主資本収益率（ROE：Return on Equity）を求めるようになった**からです。

ROEとは、株主の資本を使ってどれだけ利益を上げたかを示す数字であり、当時の成長産業では20％を超えるのが当然といったムードの中で、金融業も同程度の成績を上げることを、年金基金などの株主から要請されはじめていました。当時の米銀経営者らが最も恐れていたのは、格付け会社とライバル企業による買収戦略、そして株主だった、といわれています。職員よりも株主が大事だ、といってはばからない経営者もいたほどです。

技術開発で生産性を上げていく新興企業と違い、金融機関がROE向上策を見つけることとは至難の業でした。商業銀行には貸出を伸ばすことや利ザヤを拡大することくらいしか方法がなく、限界があります。可能性があるとすれば、**投資銀行が行っているような手数料ビジネスを伸ばすほかありません**。デリバティブズは、その最強の候補でした。

一般的なスワップ取引では銀行側の利益は限定的ですが、オプションは複雑性が増すほどに適正な価値（フェア・バリュー）がわかりにくくなります。したがって、銀行側にはできるだけオプションを含ませたビジネスを顧客に提案する方向に、組織内力学が働いていきます。P&Gのケースも、同社が行ったのは一種の複雑なオプションでした。

顧客企業がリスクを理解してその財務責任者が承認したならば、大きな利益を生むその取引に対して銀行内部から「NO」という声が出るはずはありません。そして銀行側は、デリバティブズ取引を行って利益を確定した後には、その顧客との取引で発生したポジションをヘッジしてしまうのが通常であり、その後の市場変動による影響を受けることはありません。**銀行は常に胴元であり、リスクを取るのはその顧客**なのです。

バンカースは経営戦略として、商業銀行の看板を捨ててデリバティブズに特化していたこともあり、ここで稼ぐことが至上命題でした。その背水の陣ともいうべき経営環境が、収益至上主義のモノ・カルチャーを生み、顧客軽視という非社会的精神を蔓延させたのです。

バンカース事件を契機として、デリバティブズの取引説明書にはリスクに関する詳細な免責事項《ディスクレーマー》が書き加えられるようになりました。また、社内のコンプライアンス部門では取引の合法性だけでなく倫理性までもが監視対象になり、組織的には経営直結のリスク管理部門が立ち上げられるなど、監視機能の強化が施されました。たとえば、一取引当たりの利益があまりに大きいことは、従来とは逆に、社内で問題視されるようになったのです。

ところが、こうした**銀行内の収益主義抑制方針も、21世紀に入って再び崩れはじめていきます**。そこにひとつ大きな潮流の変化を見出すとすれば、1999年のゴールドマン・サックスの市場公開があります。同社は創業以来のパートナーシップによる経営形態から、一部株式を外部株主に開放する経営姿勢に転じました。

同社が上場を選択した背景には、市場調達による資本力の強化や、社員への柔軟な利益分配法の導入、といった理由があります。前者は、経営環境の変化に対応するためにシステム投資や買収・出資戦略への資金が必要になったことを反映しており、後者は、パートナーではない社員に対してストック・オプションなどの報酬制度を提供してインセンティブを高めることを目的としていました。

それは、スマートな営業や経営で〝ウォール街のサラブレッド〟といわれた同社も、他社と同様に高いROEを要求されるようになることを意味していました。顧客の絶大な信頼を背景に投資銀行首位の座をほしいままにしていたゴールドマンも、利益至上主義に転じざるを得なかったのでしょう。

それは、金融界全体のムードを変えるのに十分でした。後述するサブプライム・ローン問題の発生は、バンカースの教訓が、株主からの収益圧力に押されっぱなしの金融界にまったく生かされていなかったことをあらわしていました。

5 世界に広がるデリバティブズ事故

ここで、時計の針を1990年代に戻しましょう。

デリバティブズの問題は、実はバンカースの顧客に限ったものではありません。アメリカ・ロサンゼルス南部に位置するオレンジ郡は、ディズニーランドがあることや、ニクソン大統領の生まれ故郷として知られる地域ですが、1994年12月に投資で約25億ドルの損失を出したと発表し、市場が騒然となったのです。

同郡の年間予算約37億ドルの7割近くに当たるこの損失額は、人口約300万人を抱えるこのカリフォルニア州第2の郡が、倒産を選択せざるを得ないことを意味していました。

オレンジ郡を倒産にまで追い込んだのは、「レポ」によって資金調達を行うレバレッジと、「リバース・フローター」と呼ばれる仕組債への投資、という2本立てでした。「レポ」というのは第10章でも詳しく触れますが、買い戻し条件つきの債券売却という資金調達法です。同郡はこの手法により、そもそもの投資基金の2倍の借入れを行っていました。自己資金以上の投資でより大きなリターンを得る、いわゆる「レバレッジ効果」を狙った運用です。

そして、その資金が注ぎ込まれたのが、金利低下によって利回りが上昇する仕組みの債券でした。通常の変動利付債（フローター）は、数カ月ごとに金利設定が行われるので、金利が低下傾向にあれば受け取る利息が減ってしまいます。

オレンジ郡は、逆の効果を持つこの「リバース・フローター」に投資したのでした。変動金利は「10％マイナス3カ月ＬＩＢＯＲ」と設定されていました。その結果、１９９４年2月に7％だった金利は、同年10月には3・9％にまで低下してしまいます。同郡もＰ＆Ｇと同様に思惑が外れ、金利上昇による巨額の損失を被ることになったのでした。

またシンガポールでは、日経平均の先物とオプションを利用して積極的な取引を展開していたイギリスのベアリング・ブラザーズが13億ドルの損失を計上したことが明らかになりました。同社の花形ディーラーだった27歳のニック・リーソンというたったひとりの人物が生んだデリバティブズによる損失が、223年の歴史を持つ**マーチャント・バンク***の幕引きを演じてしまったのです。

リーソンは、１９９４年末までに隠蔽していた損失を一気に解

マーチャント・バンク
イギリスで発達した金融機関。大口顧客を対象に、手形や証券の発行引受のほか、預金受入、貸付、投資顧問、リース、合併・買収の仲介など、あらゆるニーズに応える。今日ではほとんどが資本力のある大手欧米金融機関に吸収されてしまった。

図7-3　主なデリバティブズ損失

時期	社　名	国	投資対象	損失額
1993年	メタルゲッセルシャフト	ドイツ	原油先物	10億ドル
1994年	プロクター&ギャンブル	米国	金利スワップ	2億ドル
	オレンジ郡	米国	仕組債	25億ドル
1995年	大和銀行NY支店	日本	米国債先物	11億ドル
	ベアリング・ブラザーズ	米国	日経平均オプション	13億ドル
1996年	住友商事	日本	銅先物	26億ドル
1998年	ヤクルト	日本	日経平均オプション	1000億円
2011年	三菱モルガンスタンレー証券	日本	金利オプション	993億円
2012年	JPモルガン	米国	CDS	62億ドル

消しようとして、1995年の阪神・淡路大震災後の日経平均上昇に賭けていたようです。先物買いで証拠金が不足すると、相場が想定したレンジ内に収まることを期待してプット・オプションやコール・オプションを売却してプレミアムを稼ぎ、その不足を補充するという綱渡りを続けましたが、最終的に損失を隠し切れなくなりました。

　この事件は、大手金融機関といえども、デリバティブズに関する社内管理体制があまりに杜撰《ずさん》であることを世界に知らしめることになりました。リーソンが積み上げた巨額損失は本社の自己資本を大きく上回り、イギリス王室御用達でもあった名門ベアリング・ブラザーズは経営破綻して、オランダのINGに1ポンドという屈辱的な価格で買収されることになったのです。同じような自己勘定取引をめぐる事件は当時、住友商事の銅先物取引でも発覚しました。

こうした**デリバティブズが絡んだ事故やスキャンダルは、過去の話のように聞こえるかもしれませんが、実は現在でもあちこちで発生**しています。イギリスや日本では、銀行がその立場の優位性を利用して中小企業に必要のないデリバティブズ商品（主にイギリスでは金利、日本では為替）を販売し、損失が膨らんで経営破綻に追い込まれるケースが多発しているのです（**図7－3**）。

デリバティブズは貴重なリスク管理手段であると同時に、金融プロでも管理が難しいものです。金融市場に不慣れな人びとが安易に利用できる代物ではありません。

6 管理か育成か

デリバティブズに事故がつきものという印象が強まれば、その利用に制限をかけるべきだ、という意見が増えるのは当然でしょう。ただし、**厳しい規制は逆に、デリバティブズの有用性を奪ってしまう恐れがある**のも事実です。自動車事故をなくすためにスピードを出せない車をつくれ、という話が筋違いなのと同じです。問われるべきは、運転手の技量とモラルなのです。

たとえばスワップは「金融のコメ」といわれるように、スワップなしの資本市場を想定することなど現実にはほぼ不可能です。ちなみにBISの統計によれば、2013年末の金利スワップの名目元本ベースの残高は461兆ドルにのぼり、店頭デリバティブズの約65%を占めています。

店頭取引による事故を防ぐために、スワップ取引を取引所に移行して、その決済も集中決済機関を通じて行う、という考え方が現在では主流になりつつあります。しかし、そもそもスワップ取引は個別企業の財務リスクをヘッジするという固有の背景をベースに、店頭取引を前提として創造されてきたものであり、取引所に集中するためにすべての取引形態を定型化することには無理があります。

オプションに関しては、そのリスク特性の本質さえつかんでおけば、管理は比較的やさしいともいえます。オプションの売り手が無限のリスクを負うことになるのに対し、買い手は支払ったプレミアム以上の損失を被ることはないからです。したがって、リスク管理力が比較的低い個人投資家や中小企業に、オプション売りを禁じるという規制は理屈にかなっています。

それでも、オプションが利用される場合には、企業や投資家ごとにニーズが異なることから、一律に許可・禁止といった規制を当てはめることは実務的には難しいと思います。厳密な細則規制は取引自体を縮小させてしまうことになり、逆に、資本市場からリスク管理の手段を奪ってしまうことになりかねません。

最終的には一定の規制の下、実際の利用に関しては、デリバティブズの供給者である金融機関と、ユーザーである企業や投資家が、それぞれ内部のリスク管理部門の能力を向上させるしか方法がありません。

原子力発電所の事故などを連想しながら、事故を起こしがちなデリバティブズを批判し否定するのは簡単です。しかし、デリバティブズと原発が異なるのは、**リスク管理商品としてほかの代替手段がない**ことでしょう。

資本市場に囲まれた市場経済に生きる私たちは、まずデリバティブズの有用性を理解したうえで、過去の失敗は何が原因で起きたのかを精査し、再発を防ぐ案を考え出すことこそ求められています。その意味で、１９９０年代から今日に至るまでのケース・スタディは、きわめて重要な思考材料を提供しているのです。

第7章のポイント！

●**P&Gのデリバティブズ事故**：同社が有利子負債コスト引き下げのために利用したドル建て金利スワップの支払いコストが、利上げによって急上昇したこと。スワップをアレンジしたバンカース・トラストは、リスクを十分説明しなかったとして損害賠償を請求された。当時、同様のトラブルが多発した。

●リスク管理能力が不十分な顧客に、不当な商品を販売した銀行側の責任が問われることになったが、自己管理できないまま危険な取引に手を染めた企業財務にも過失があった。その後もデリバティブズ事故は絶えない。

●スワップやオプションといったデリバティブズは、もともとリスク管理手段であったが、リターン向上を目的に投資目的として積極利用されはじめると様相が変わり、多くの損失例が出るようになった。

●銀行内部で法外な取引にブレーキがかからなかった背景には、1990年代に株主からの利益要請圧力が強まり、高い株主資本収益率が求められはじめた環境があった。コンプライアンスやリスク管理、取引監視機能が強化されたが、そうした収益至上主義は21世紀も依然として続いている。

●デリバティブズに事故はつきものだが、規制を厳しくしすぎるとその有用性が失われかねない。リスク・ヘッジ機能を代替できる商品はない。

第8章

アジア通貨危機で再び新興国の連鎖破綻

新興国リスクとドル依存体制の限界

1994年		メキシコでテキーラ・ショック
1997年	5月	タイ・バーツ売りに始まるアジア通貨危機勃発
	7月	バーツが暴落、ドルペッグ制から変動相場制に移行
		マレーシアが変動相場制に移行、リンギット急落
		韓国の起亜自動車倒産
	8月	タイ政府がIMFに支援要請
		インドネシアが変動相場制に移行、ルピア急落
	10月	IMF、世銀などがインドネシアを支援
	11月	韓国政府がIMFに支援要請
1998年	7月	IMFがロシアを緊急支援
		ロシアが対外債務のモラトリアムとルーブル切り下げ発表
	9月	マレーシアが資本規制、為替レートを固定化
	11月	IMFがブラジルへの支援パッケージ発表
1999年		ブラジルが変動相場制に移行

1

1997年5月14日 タイ・バーツ売りの背景とは?

1990年代後半に入り、世界の金融市場は「グレート・モデレーション（超安定化）」という楽観的な安定感に包まれていました。そのムードを最大限に利用していたのが、世銀から「東アジアの奇跡*」と称賛されていたアジア諸国です。

彼らは、ドルペッグと呼ばれる一種の固定相場制を採用し、自国通貨とドルの為替レートが変動することを防いでいました。この為替制度の下で、為替リスクを抑制しながら海外筋から国内金利より低金利のドルを借り入れて、国内成長のエネルギーとしていました。

その資本構造が持続できるかどうか、じっと見つめていたのがヘッジファンドです。彼らが下したのは、第6章でみた1992年当時のイギリスと同じく「アジア諸国の通貨レートは維持不能」という結論であり、まずターゲット・リストの筆頭に挙げられたのが、1ドル26バーツ近辺に為替相場を固定していたタイでした。

金融自由化の波を受けて、タイには1993年にオフショア市

東アジアの奇跡
1993年に世銀が発表したレポート『東アジアの奇跡 経済成長と政府の役割（East Asia Miracle : Economic Growth and Public Policy）』。1965年から1990年にかけて急速な成長を遂げた東アジア諸国経済を分析し、基礎的条件の整備をその主因と位置づけた。

場が開設され、税法上の優遇措置が採られていたことから、短期資本が流入しやすくなっていました。短期資本とは、いわゆる「逃げ足の速い資本」で、主に不動産や株式市場などに流入していました。当時の外資流入額は、GDPの50%にまで達していたとみられています。

当時、タイをはじめとするアジア諸国企業はそんな「ドル建ての短期資本」を調達して「現地通貨の長期投資」に充てていました。つまり、**通貨と期間の2点において「ダブル・ミスマッチ」のリスクが醸成されていた**のです。

そんな中で、アメリカの金融引き締め政策によってドル高が進んでいたために、タイ・バーツの割高感が鮮明になりつつありました。中国企業の国際市場進出を受けて、タイの成長率も1996年ごろからやや低下しはじめており、貿易収支も赤字に転じていました。そこでヘッジファンドは、「タイが当時の通貨レートを維持することは不可能だ」と判断したのです。

1997年5月14日、ヘッジファンドの突然のバーツ売りに、同国中央銀行は為替介入で対応し、バーツの借入れレートを最大3000%に引き上げるという荒業を繰り出しました。その後1カ月余りはバーツ売りも影を潜めて一戦終了かと思われましたが、再戦のタイミングを計っていたヘッジファンドが売り攻勢を再開すると、同国にもはや抵抗する力は残っていませんでした。

同年7月2日にタイ政府は「ドルペッグを放棄する」と発表すると、変動相場制に移行した為替市場では、バーツが「フリー・フォール（暴落）」状態に陥りました。7月末には1ドル32バーツ、翌年1月にはついに54バーツにまで売り込まれてしまったのです。それと歩調を合わせるように株価も急落し、1998年には、同国株価指数は1994年のピーク時の12％程度にまで下落しました。いい換えれば、90％近い暴落です。

タイ政府は1997年8月にIMFに支援を要請し、40億ドルの資金援助を受けたほか、世銀やアジア開発銀行そして日本、中国、オーストラリアなどからも支援を受けて危機を乗り越えようとしました。

しかし、経常黒字や財政黒字、インフレ抑制といったIMFからの数々の要請に基づいて政府歳出削減や引き締め政策が採られた結果、同国経済は、疲弊の一途をたどることになります。特に打撃を受けたのは内需です。1998年の実質GDPは前年比10・5％減という、壊滅的な状況に陥ったのでした。

タイの通貨・株価暴落と内需急縮小は、1990年代の新興国危機が、アジアだけでなく世界規模へと拡大する、深刻な物語の始まりだったのです。

2 飛び火したマレーシアが採った独自策

タイの次に「通貨売り」のターゲットとなったのは、マレーシアです。タイと同様にドルペッグ政策を採用していた同国の通貨リンギットは、1997年8月に政府が変動相場制に移行した後、1ドル2・9リンギットから4・5リンギット近辺まで急落し、タイと同様に株式市場も大幅下落の憂き目を見ることになりました。

マレーシアがタイと大きく異なっていたのは、その危機対応策です。タイをはじめ、後述するインドネシアや韓国などがIMFに支援を要請したのに対し、マレーシアはIMFの内政干渉に強い嫌悪感を表明し、支援を受けませんでした。

この対応に市場は懸念を示し、欧米諸国からはマハティール首相（**写真**）を批判する声が相次ぎました。それでも同首相は、「通貨危機を引き起こしたのはヘッジファンドだ」と投機筋に対する怒りをあらわにし、IMF総会においてジョージ・ソロス氏

マハティール・ビン・モハマド（1925〜）
マレーシア第4代首相。資本市場での投機的取引を厳しく批判し、ジョージ・ソロス氏と激しい論争を展開した。

との論戦を繰り広げるなど自説を曲げず、自力再建を目指す姿勢を世界に示したのでした。ただし市場では、IMFに支援を求めないことを懸念材料として、通貨や株価の下落が加速していきました。欧米社会や金融市場から「NO」を突きつけられ、格付け会社からは格下げされ、国内では景気悪化にともなう信用収縮が起きはじめた中で、マハティール首相が選択したのは資本規制でした。

1998年9月に同国中央銀行は「為替・資本管理制度」を改訂して事実上の資本規制を導入し、為替レートも1ドル3・8リンギットに固定すると発表します。さらに国内の信用収縮を懸念して、金融緩和策も導入しました。為替レートを固定化したことで、金融緩和が可能になったのです。

こうした外国人投資家を排斥する動きに対し、市場からは「自国経済政策の失敗を投機筋に擦りつけて責任回避しようとするものだ」という批判を受けました。もともとマレーシアではマレー人優遇策(ブミプトラ政策)が採られており、IMFの介入でその体制が破壊されることを嫌った、という面があったのは事実でしょう。

ただし、市場経済の成熟度が高くない新興国が投機の波から自国経済を守るという方法は、必ずしも非難されるべきものではありません。マレーシアは、大方の予想を裏切って

1999年以降、徐々に景気回復を果たしていきます。為替レートの下落と安定化で、まず、電子関係など製造業の輸出が回復しました。金融緩和も効いてきたのでした。

もちろん、輸出が戻った背景には、**欧米でのIT需要の拡大や、IMF支援を受けたほかのアジア諸国の経済回復といった外部環境に救われた**部分も少なくありません。マレーシアがIMF支援なしに経済再建に成功できたのは、資本規制と外部環境改善の双方の組み合わせによる、ある意味では幸運をはらんだものだった、とみるのが妥当でしょう。

ちなみにマハティール首相によるヘッジファンド攻撃に関しては、ソロス氏は一貫して「マレーシア・リンギットを売ったことはない」と主張しつづけました。2006年には両者が会談して和解した、とも報じられています。それはさておき、政府と投機資本の間の確執は、2011年以降の欧州債務危機や2013年以降の新興国通貨危機などにみられるように、今なお繰り返し発生しているのが現実です。

3 アジア諸国への連鎖反応

タイとマレーシアが通貨売りの総攻撃を受けはじめたころ、インドネシアは比較的平穏でした。良好なファンダメンタルズを反映して、通貨は1ドル2400ルピア前後で取引されており、株式市場にも特に変調はみられませんでした。

しかし、タイやマレーシアに続いて1997年8月にインドネシアが変動相場制に移行したことで、市場ムードは一変します。同国企業によるドル建て借入れが多かったことが、為替変動による損失懸念を助長しました。市場で、投機的なルピア売りが始まったのです。

その結果、翌年初には1ドル1万ルピア近くまで通貨が暴落しました。借入れたドルをルピアに転じて設備投資していた企業は、債務返済のために、急騰したドルを買わなければならなくなりました。その狼狽的なドル買いが、さらにルピア売りを加速することになったのです。

同国は外貨準備が豊富でしたが、IMFに100億ドルの支援を要請することを決定し、タイと同様に世銀、アジア開銀、日本などからも支援を受けることを決めました。ただしIMFからの要請は、やはり緊縮財政、経常黒字化、金融引き締め、インフレ抑制、金融改革といった厳しいものばかりであり、インドネシア経済は急速に悪化の一途をたどっていきます。

その過程では、スハルト政権*（**写真**）がIMFとの取り決めを破って国内開発プロジェクトを推進するという異例の事態も発生しました。さらに、急激な金融改革が信用不安を生む一方で、燃料価格の高騰によりインフレ率は上昇、1998年5月には、事実上の独裁者として30年以上も君臨していたスハルト大統領が辞任するに至りました。通貨危機は、経済危機を経て政治危機にまでおよんだのです。

同国の成長率は1998年には前年比13・1％減と、タイの10・5％減よりも厳しいマイナスとなりました。また1999年に他のアジア諸国がV字回復をみせる中、インドネシアの成長率は0・8％と大きく出遅れてしまいました。

スハルト（1921～2008）
インドネシア第2代大統領。開発独裁者として1967年から30年以上君臨したが、アジア通貨危機の嵐に巻き込まれ、社会不安を解消できずに辞任した。

東南アジア諸国の通貨危機は、韓国にも飛び火しました。同国もまた、ドルペッグ政策による外資流入の構造を採っており、表面的には成長が続いていましたが、1997年1月に韓宝鉄鋼や韓宝建設が破綻するなど徐々に脆さが露呈しはじめ、財閥系の経営不振による銀行の不良債権問題が表面化していきました。7月には、財閥系の起亜自動車が破綻しました。

こうした背景から、10月にはムーディーズやS&Pなど格付け会社が、相次いで同国のソブリン格付け*の引き下げを行い、東南アジアに渦巻いていた市場の危機感が韓国にも伝播することになったのです。

韓国の危機は、日本の機関投資家にも強い衝撃を与えました。順調な経済回復を遂げる同国への期待感は強く、日本からの同国銀行・企業に対する投融資は増加の一途をたどっていましたが、同年秋以降、狼狽売りに出る投資家も少なくありませんでした。ドルだけでなく円の引き揚げも、韓国経済には大きな痛手となったのです。

1ドル850ウォン前後の為替相場は、年末には1700ウォン近辺まで落ち込んで株式相場も急落しました。為替介入によって外貨準備も急減し、対外債務返済にも黄信号が灯りはじめた韓国政府は、IMFに支援を要請するほか手だてがなくなっていました。同年11月にIMFは、同国に当時史上最大規模となる210億ドルの資金支援を行い、世銀、アジア開銀、そして日米両国による支援も行われたのです。

IMFは韓国に対しても、他国と同様に厳しい緊縮財政や金融引き締め、そして構造改革を要求しましたが、なかでも特徴的だったのは、財閥改革要請でした。財閥企業の過剰投資とそれを支えた金融機関の過剰融資が、韓国経済の最大の弱点だったからです。

1998年の大がかりな金融再編に続いて、製鉄、情報、重工業など大手公的企業が民

ソブリン格付け
国の総合的な返済履行能力を示す発行体格付け。

営化され、翌年には財閥第2位の大宇グループが債務超過で破綻するなど、韓国経済は深刻な経済危機に見舞われることになりました。

通貨危機はフィリピンや香港も直撃し、タイ・バーツ売りから始まったドミノ現象は、アジア経済をどん底に突き落としました。１９９８年の成長率は、インドネシアは13・1％減、タイは10・5％減、韓国は６・７％減と、軒並み厳しい景気後退を強いられたのです。

しかしその後、アジア諸国は、驚異的な復活劇をみせました。１９９９年には、韓国の10・９％成長をはじめ、マレーシアは６・１％、タイは４・４％のプラス成長を記録、出遅れていたインドネシアも、２０００年には４・９％成長と巻き返し、アジア経済は輸出を中心とした劇的な景気回復を遂げたのでした。

4 ＩＭＦ批判とドル体制の問題を考える

アジア経済のＶ字回復は、ＩＭＦによる荒療治の効果とみることもできますが、支援を受けた当事国にとっては納得のいかない処方箋でした。ＩＭＦの支援を受けずに回復を遂げたマレーシアの存在が、そうした批判に輪をかけることにもなりました。

ＩＭＦが支援国に要求した一連の厳しい政策は「**ワシントン・コンセンサス***」と呼ばれ、企業破綻や失業増、金融不安などを体験した諸国からは、今日に至るまで猛烈な批判が繰り広げられています。

学界からも、ノーベル経済学賞を受賞したスティグリッツ教授**（写真）**のように、ＩＭＦが主唱した市場開放に沿って資本流入を採り入れたアジア諸国は危機に瀕し、その対応策としてＩＭＦが施した緊縮策が今度は急激な景気後退を引き起こした、と痛烈に批判する声も上がっています。

確かに、**資本システムの未成熟な新興国が急速に外国資本を採り入れたことで、国内経済が不安定化した**面は否めません。１９９７年以降の資本流出が起こした混乱には、より長期的で緩やかなペースでの対処法が望ましかった、という指摘もよく聞かれます。

ワシントン・コンセンサス
ワシントンに本部を置くアメリカ財務省やIMF、世界銀行など国際機関が、債務問題を抱える国へ勧告する経済政策の総称。財政赤字削減や規制緩和、金利や貿易の自由化、国営企業の民営化などがその代表的なもの。

ジョセフ・E・スティグリッツ（1943〜）

経済学者。コロンビア大学教授。2001年にノーベル経済学賞受賞。アメリカの超金融緩和策や欧州の緊縮財政策を批判、新興国に対するIMFの施策に対しても厳しい目を向けている。

アジア経済が、アメリカの経済成長と為替レートの下落を背景に輸出を伸ばし、枯渇していた外貨準備高を回復させたことは、ＩＭＦの厳しい処方とは無関係であった、という議論にも一理あります。

しかし一方で、当時の市場におけるＩＭＦへの信頼感、つまり、**ＩＭＦが処方すれば経済再建は可能だという投資家の認識が、アジア諸国への期待感を支えていた**、という見方もできます。また引き締め政策により一時的に内需が抑制された結果として、為替レート急落による輸入インフレが起きなかった点も挙げられます。ＩＭＦの要求が１００％間違っていた、というのは極論でしょう。

この「ソブリン危機に、どういう政策が適切なのか」という問いには、明確な答えが出ないまま、２０１１年に発生したギリシャ危機を発端とする欧州債務危機のケース（後述）でも同じような議論が繰り返されています。

ただし、**忘れてならないのは「なぜ資本の急速な流入や流出が起きるのか」という根本的な問題**ではないでしょうか。それは、ドルという一国の通貨が国際的な準備通貨として利用されるという構造矛盾からくる、決定的な国際経済の弱点です。

第２章で概観したような「ドルが新興国の経済発展のために利用され、アメリカの金融政策によって資本の逆流が引き起こされる」という構図が、アジア経済に舞台を変えて再現された、ということでもあります。

実は、タイ・バーツが狙い撃ちされる少し前、1994年にメキシコにおいて「テキーラ・ショック」と呼ばれる通貨危機が発生していました。累積債務問題から立ち直って経済発展を遂げていたメキシコに、大統領候補の暗殺事件という内政不安とグリーンスパンFRB議長による引き締め政策が加わって、同国からの資本流出が始まったのです。その資本とは、基本的にドルでした。

確かに**同国固有の政治問題が危機の発端でしたが、資本流出を加速したのがアメリカ金融政策の変更であった**ことは否めません。アメリカの通貨であるドルを、アメリカ以外の国が国内経済拡大のために利用する際の脆弱性は、アジア危機の前にメキシコにおいてすでに立証済みだったのです。

5 ロシア危機とヘッジファンドLTCMの挫折

アジア通貨危機が発生して約1年が経過したころ、その景気後退の影響に直面して苦悩していたのがロシア経済でした。エネルギー需要の低迷から天然資源価格が低迷し、特に、石油やガスなどの輸出で財政をまかなっていた同国は、厳しい経済運営を強いられることになりました。

市場は、同国の内政問題にも懸念を示していました。1991年のソ連崩壊後、ロシアはエリツィン大統領（**写真**）の下で市場経済の導入を進めていましたが、チェチェン侵攻や景気後退、首相解任といった一連の同大統領の失政に資本流出の兆しがみえはじめ、ルーブルに強い下げ圧力がかかるようになっていました。

原油価格が低迷を続ける中で、ロシアの財政資金枯渇が懸念されはじめたため、IMFは1998年7月に緊急支援を決めました。ところが同国政府・中央銀行はその翌月に、対外債務の90日間停止というモラトリアム（支払い猶予）を宣言し、ルーブルの相場を対ドルで約25%切り下げる、と発表したのです。

ロシア国債は事実上のデフォルトとなり、為替相場は混乱の極みとなりました。1ドル6・2ルーブルであった為替レートは、一気に20ルーブルを超える水準にまで暴落しました。ロシアはデフォルト直前まで高金利の短期国債を発行しており、ソブリン・

ボリス・エリツィン（1931～2007）
ロシア連邦の初代大統領。ソ連崩壊後のロシア再建に尽力したが、経済は低迷を続け、財政危機にも対応できず、1999年に突如辞任を表明した。

図8-1　LTCMの破綻と救済

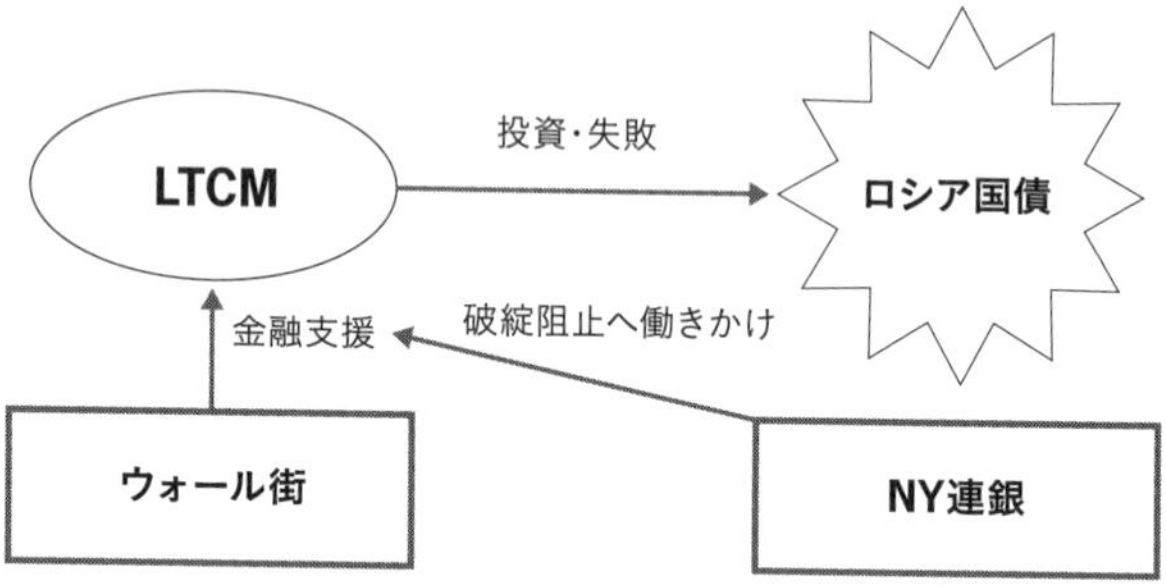

〈リーマン危機との相似性〉

- 投資対象：ロシア国債 ──→ 証券化商品
- 経営危機：LTCM ──→ ベア・スターンズ、リーマン・ブラザーズ
- 支援者：ウォール街 ──→ JPモルガンなど

リスクは小さいとみて同債に投資していた多くの機関投資家が、巨額の損失を被ることになったのです。

なかでも、高いリターンを記録しつづける大手ヘッジファンドとして、その動向が常に市場の注目を集めていたLTCM（Long Term Capital Management）への打撃は強烈でした（**図8−1**）。同社は、1994年にソロモン・ブラザーズの元花形トレーダーであったジョン・メリウエザー氏が立ち上げたファンドであり、独自の数理モデルを駆使して各国国債の割安・割高を判断し、レバレッジを使った中立的な運用を行うことで、時代の寵児となっていました。

LTCMには、ノーベル経済学賞受賞

者のマイロン・ショールズ氏や、ロバート・マートン氏らが役員に名を連ねており「ドリーム・チーム」とも呼ばれていたのです。立ち上げ後の数年間は平均年率約40%という、その名に恥じないきわめて高い利回りを弾き出し、多くの投資家はこぞってLTCMに出資するようになっていました。

その結果、当初10億ドル程度だった手元資金は60億ドル規模に拡大しましたが、LTCMはそこに約25倍のレバレッジをかけ、運用資産を一気に1000億ドル超の水準にまで引き上げていたのです。

そのLTCMが「割安」と判断したのが、ロシア国債でした。中立的運用として「米国債売り・ロシア国債買い」を行っていたメリウェザー氏は、ロシアがデフォルトする可能性はきわめて小さいと読んでいました。ところが8月17日に、その相場観は地獄をみることになったのです。

LTCMの経営不安は、世界の市場を駆けめぐりました。こうした**不安材料の中では、株式などリスク資産と呼ばれる資産価格は大幅に下落**します。機関投資家は、その損失を埋めるために、利益の出ているポジションはすべて利食っておこうとします。当時、為替市場で大量に行われていた円売り・ドル買いの「キャリー取引」はそのひとつでした。これが巻き戻されて、ドル円が130円台から一気に110円台に急落するという事態も起きました。

しかし、LTCMが本当に破綻するとなれば、多くの金融機関にも被害がおよぶ恐れがありました。大手銀行などは出資だけでなく、金利スワップなどデリバティブズ取引などで同社と密接に結合されていたからです。

当時のマクドナー・NY連銀（ニューヨーク連邦準備銀行）総裁は、民間ファンドを救済することへの批判を承知のうえで、ウォール街の主要金融機関に対して同社への支援プランを策定するように依頼しました。結果的に、要請を受けた15社のうち14社が、LTCMへ総額36億ドルの融資を行って取引を継続し、金融システム不安は封じ込められました。

のちの2008年3月に、破綻寸前に陥ったベア・スターンズをJPモルガンに吸収させたガイトナー・NY連銀総裁の脳裏に、この10年前の出来事がよぎったことは間違いないでしょう。

ちなみに買収されたベア・スターンズは、1998年当時のNY連銀の要請に応えなかった唯一の金融機関だったのでした。

6 ブラジルへ伝播し、危機は地球を一周した

１９９４年のメキシコ、１９９７年のタイに始まるアジア、そして１９９８年のロシアと連続して危機が起きれば、市場が「次はどこか」と世界を見回すことになっても不思議はありません。その不安の凝縮した視線が止まったのは、経常赤字と財政赤字が拡大中のブラジルでした。

ブラジルに関してはロシア危機の発生直後から資本流出が始まっており、１９９８年11月にはＩＭＦが支援パッケージを発表して予防策を採っていました。しかし、１９９９年１月に同国で３番目に豊かな州であるミナス・ジェライス州の知事が連邦債務に対する返済停止を宣言し、さらに、既発ユーロ債に関してもデフォルトを示唆する発言をしたことで、投資家の疑念が一気に強まり、資本流出が加速しました。

通貨レアルは強い売り圧力に押され、同国の中央銀行は管理相場にあった為替レートの変動幅拡大では対応できなくなり、変動相場制に移行すると発表しました。１ドル１・２レアルの相場は、３月には２・２レアル近くまで下落したのです。

しかし、このブラジル危機は比較的短期間で収束し、4月には外債発行に踏み切っています。懸念された他国への伝播も起こらず、メキシコから連綿と続いた新興国危機は、ようやくブラジルで打ち止めとなりました。市場の資本流出に早目に対策を打つなど、ブラジルやIMF、世銀などによる迅速で適切な危機対応策が大きく貢献した成果といえるでしょう。

結局、1990年代を揺るがした「新興国危機」は、メキシコに始まって地球をぐると一周してブラジルに戻ってきたのでした。その舞台の上で常に奏でられていたのは、「ドル建て資本」という狂想曲です。

一連の危機を経て、自国通貨をドルにペッグしてドル建て資本を呼び込む政策の限界が露呈したことで、ユーロや円などへの資本通貨の多様化や、通貨バスケット構想などの議論が浮上することになりました。しかし、**実務的にはドルが世界中の新興国で成長資本として受け入れられる構造は変わっていません。**ドル利用という金融市場の「慣性の法則」を変えるほどのエネルギーはまだ蓄積されていないのです。それこそが、21世紀に入って以降も新興国危機が絶えない一番の理由でしょう。

第8章のポイント！

アジア通貨危機：高度成長を称賛されていた東アジア諸国において、タイ・バーツが1997年5月に急落したことをきっかけに、一転して通貨危機が勃発したこと。危機は、マレーシア、インドネシア、韓国、フィリピン、香港と飛び火した。通貨売りを先導したヘッジファンドへの対抗姿勢を強め独自策を採ったマレーシアを除いて、各国はIMFの支援を受けるに至った。

● アジア通貨危機の背景には、「ドル建ての短期資本」が「現地通貨の長期投資」に充てられるという通貨と期間の2点において〝ダブル・ミスマッチ〟のリスクが醸成されたことがあった。

● 「ワシントン・コンセンサス」と呼ばれる、IMFが支援国に要求した一連の政策は、IMFが積極支援する姿勢によって投資家の期待感を維持した点が評価される一方、同政策が失業増や景気後退などを引き起こしたとして、経済学者のスティグリッツ教授をはじめ痛烈に批判する声も上がっている。

● アジア通貨危機の1年後、危機はロシアに飛び火して大手ヘッジファンドLTCMが大打撃を受け、NY連銀のマクドナー総裁が支援に動いた。

● 1990年代の新興国危機は、メキシコからタイに始まるアジア、そしてロシア、ブラジルと世界一周して一応収束した。

解説コラム

バンコールとSDR

第1章で触れたとおり、イギリスの大経済学者ケインズは、1942年までに「バンコール」を戦後の準備通貨に利用する国際決済制度案を温めていました。それは、英ポンドに代わる超国家の基軸通貨であり、石油など商品価格のバスケット通貨として構想されたものでしたが、米ドルを準備通貨に据えるアメリカの戦略を前に、実現には至りませんでした。ただし、そのケインズの考え方の一部は、1969年にIMFが導入したSDR（特別引出権）で実現されています。

SDRは、IMF加盟国の準備通貨の不足を補うために、補完的通貨として生まれたものです。それは、市中に流通する通貨ではなく、あくまで米ドルやユーロ、日本円などから構成される計算単位との位置づけであり、準備通貨として構想されたバンコールとは異なりますが、経常収支の調整手段としての性格は似ているといえます。2009年に中国人民銀行の周総裁が「SDRを準備通貨に」と主張して世界を沸かせましたが、SDRの利用頻度はきわめて低いままであり、米ドル中心の国際金融体制はまだ当分継続しそうです。

第9章
ITバブル崩壊の狂騒
「ニュー・エコノミー」という幻想と変貌する金融機関

1996年	12月	グリーンスパンFRB議長が株価の過熱感を指摘
2000年	3月	シラー教授『根拠なき熱狂』出版、株価はピークアウト
2001年	9月	アメリカ同時多発テロ勃発
	12月	エンロン破綻
2002年	1月	グローバル・クロッシング破綻
	7月	ワールドコム破綻
		サーベンス・オクスレー（SOX）法成立
	10月	ナスダック総合指数が急落
2003年	4月～	日本でもJ−SOX法による規制強化
2004年	10月	コクドー連の不祥事が発覚
2005年	4月	カネボウの粉飾決算が発覚
2006年	1月	ライブドア・ショック

1 2000年3月10日
ITバブルとあっけない崩壊のインパクト

「インターネット」といえば、今では小学生でも知っています（それどころか、使っています）が、1980年代にはまだ、一部情報関連技術者の間の専門用語でした。アメリカ国防総省の高等研究計画局が始めたネットワーク研究が商用・学術用に展開されるようになり、1990年代半ばからビジネス利用が急速に拡大し、パソコンの普及と相まって家庭にも一気に普及したのです。

アメリカを中心に、インターネットを利用する「eコマース」のようなビジネス・モデルへの期待感が株式市場を席巻するようになり、そのサービスや情報技術を提供する企業が金融市場の注目を集めはじめました。

投資家の間では、具体的な商機をつくり上げる前に、その企業を「青田買い」しようとするムードが巻き起こっていました。それが「インターネット・バブル」です。投資家にとって**情報専門用語がずらりと並ぶ彼らの事業計画書はきわめて難解で、理解できないままにムードに乗って投資する、という風潮がみられた**のもこの時期の特徴でした。

「ドット・コム・バブル（.com Bubble）」とも呼ばれたそのマネー・ゲームは、インターネット関連の新興企業が集まるナスダック市場の総合指数を押し上げつづけました。利益を出していない企業の株価が急騰し、経営に苦しむ企業が「インターネット業務に進出」と発表しただけで株価が上昇する、というバブルが進行したのです。そんな株価の急上昇はベンチャー企業の設立を後押しし、アメリカではシリコンバレーを中心に、新興企業が雨後の筍のように設立されていきました。

背景には、インターネットを利用したビジネスが、従来型のビジネスを駆逐していく、という「新時代到来」への淡い期待感がありました。いわゆる「ニュー・エコノミー」*待望論です。21世紀を牽引する情報系企業は「IT（Information Technology）企業」と呼ばれるようになり、市場では「ITブーム」が喧伝されるようになっていました。

1996年ごろまで1000ポイント近辺にあったナスダック総合指数は、1998年7月には2000ポイントを突破、1999年11月には3000ポイントを超えて年末には4000ポイントに達し、同年の年間上昇率は約86％と急騰したのです（**図9－1**）。2000年に入ってからも上昇ペースを強めていましたが、実体の裏づけのない

ニュー・エコノミー
従来の製造業中心の「オールド・エコノミー」に対し、ネット関連企業を中心とする新しい経済体系を指す。また、IT技術の進歩やグローバル化の進展により景気循環が消滅し、安定成長の下でインフレが発生しない経済を「ニュー・エコノミー」と呼ぶこともある。

図9-1　ナスダック総合指数(月次)の推移

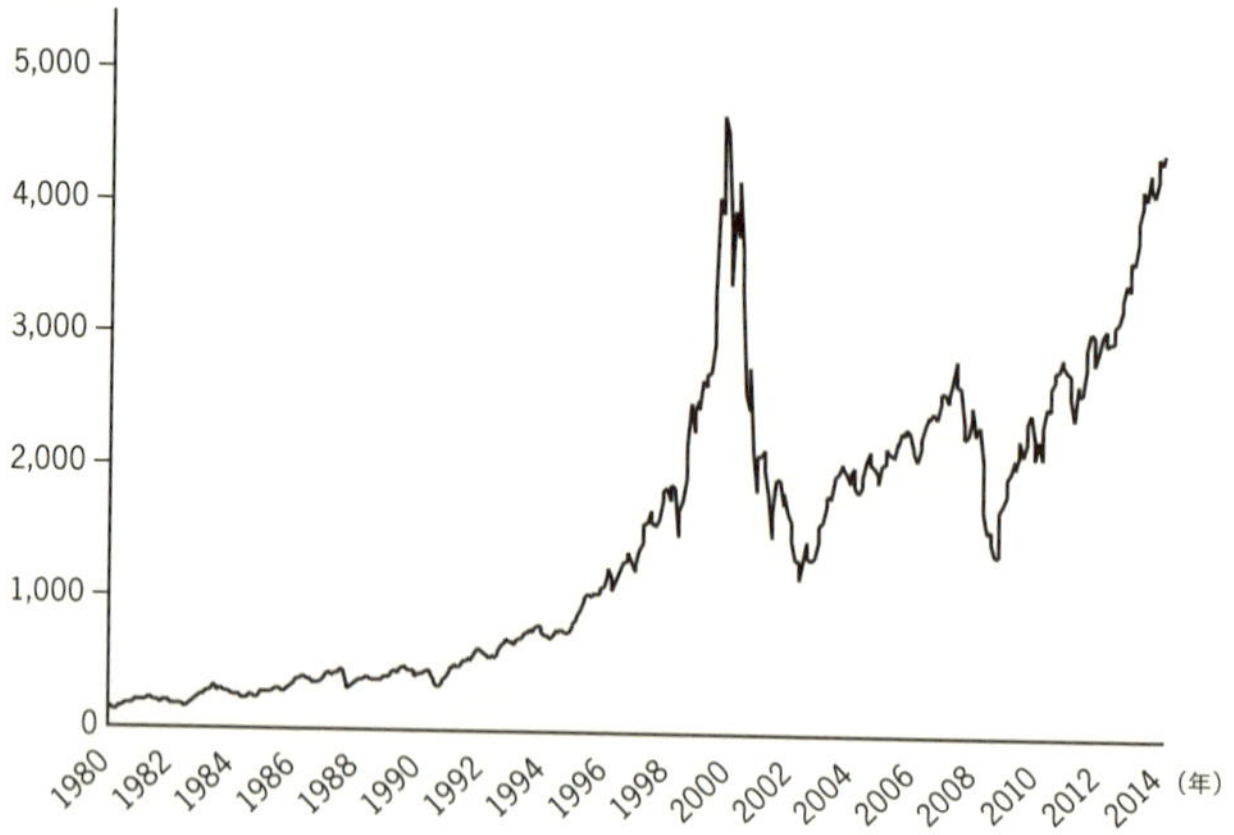

株価上昇が続かないことは、やはり自明でした。

２０００年3月10日に同指数は５０４８・６２ポイントを付けた後に一転して急落地合いとなり、２００2年10月9日には１１１４・１４ポイントまで、なんと約78％の下落幅を記録したのです。ちなみに、世界が震え上がった２００７年以降の金融危機の際、２００７年10月9日～２００9年3月9日のＳ＆Ｐ５００の下落率でも約57％でした。その比較から、当時のナスダックの暴落がいかに凄まじかったか、想像できるでしょう。

株価急落を契機として、実績を生み出さないまま資金調達に走ったベンチャー企業は相次いで破綻し、「ＩＴバブル」

はあっけなく崩壊しました。折しもFRBは、2000年2月にインフレ警戒感から0・25%の利上げに踏み切るなど、引き締め気味の政策に転換していたのです。利上げはその後、3月と5月にも実施され、ITバブルは完全にとどめをさされたのでした。

IT企業経営の不振が続く中でアメリカは景気後退期に入り、2001年9月11日には同時多発テロ事件が発生して、個人消費が落ち込み、雇用も悪化していきます。その後、FRBの積極的な金融緩和や大型減税などの対策でアメリカ経済は景気回復を遂げていきますが、ナスダック指数の戻りは鈍いものでした。その後14年もの間、5000ポイントの水準を回復できないまま、現在に至っています。

2 バブルへのシグナル「根拠なき熱狂」

IT企業が集まるナスダック指数だけでなく、より幅広い業種を含むダウ平均もまた、バブルが芽生えはじめた1995年ごろから上昇基調を強め、同年の年間上昇率は33・5%と大幅な上昇となり、翌年も30%近いペースでの上昇を継続していました。当時のグリーンスパンFRB議長が、1996年12月の講演中、「根拠なき熱狂（Irrational Exuberance）」

という表現で株価の過熱感に言及したことが、市場の耳目を集めました。

しかし、アメリカの株価上昇が止まることはなく、ダウ平均は１９９７年も22・6％、１９９８年も16・１％、そして１９９９年も25・２％という上昇トレンドを描いていったのです。結局「根拠なき熱狂」が収まったのは、ナスダックが急落した２０００年以降でした。

同議長の先の発言は、ＦＲＢが金融政策を検討するうえで、資産市場の存在を無視できなくなったことを示そうとしたのかもしれません。実際のところ、その発言内容は「金融資産バブルの破裂が、実体経済の安定を脅かすのかどうか」という問題意識の提示にとどまっています。「根拠なき熱狂」というフレーズだけが独り歩きしましたが、その講演自体は「民主主義的な社会における中央銀行の課題」と題されていたとおり、必ずしも株価と金融政策の関係に触れたものではなかったのです。

確かに同議長は、１９９４年以降に予防的な引き締め政策を開始していましたが、株価上昇が顕著になってきた１９９５年にはむしろ、緩和気味の政策を採っていました。その後も、特に株価を意識した引き締め政策を採用していたわけではなく、逆にＩＴバブルを助長したと批判的にみる向きすらあります。

「根拠なき熱狂」を心底懸念していたのは、その表現をそのまま本のタイトルにして、ナスダックが急落した2000年3月という絶妙のタイミングで株価警告の書を出版した、イェール大学のロバート・シラー教授（**写真**）でした。1994年には3000ドル台であったダウ平均は、1999年には1万ドルを超えていましたが、そんな市場の上昇スピードは、同教授にとって明らかに「根拠なき熱狂」でした。

シラー教授の指摘は、投資家心理の非合理性を鋭くついていました。本来は不安定な動きを示すはずの株価が、**さまざまな構造的要因により高水準に維持され、長期的上昇が約束されているというような思い込みがバブルを醸成している**という観察は、バブルが破裂した後は誰でもわかりますが、その最中には誰も気づかない、という市場の怖さをあぶり出していたのです。

シラー教授は金融資産価格の変動を決定する基礎的な理論を築いたことで、2013年にノーベル経済学賞を受賞しました。全米住宅市場の価格指数である「S&Pケース・シラー指数」の開発者としても知られていますが、同時に株価の適正水準を判断す

ロバート・シラー（1946～）
経済学者。イェール大学教授。2013年にノーベル経済学賞受賞。アメリカの代表的な住宅指標であるS&Pケース・シラー指数の開発者としても知られる。

る尺度である「ＣＡＰＥレシオ」と呼ばれる指数も開発しています。

これは、一般に活用されているＰＥＲ（株価収益率）を、景気循環やインフレ率を考慮して修正した指数です。実質株価を10年間の平均実質利益で割ったものとして定義されており、今日では、割高感・割安感を示す指標として幅広く利用されています。ちなみにＣＡＰＥは「Cyclically Adjusted Price-Earning」を略したものです。

シラー教授の「根拠なき熱狂」は、同書がベストセラーになって以来、何度もバブルへのシグナルとして引用されてきました。しかし、その警告にもかかわらず、２００６年にはアメリカで新たなバブルとしての住宅価格がピークを迎え、その後のサブプライム問題やリーマン危機を呼び込むことになりました。これは、私たちが生活する資本システムの中に「根拠なき熱狂とその終焉」を反復させるような、回避不能のバブルとその崩壊のメカニズムが組み込まれていることを示しているように思えます。

3 エンロンに続く企業破綻の嵐

現在、市場を風靡するアマゾンやヤフー、イーベイなどは、１９９５年に産声を上げた企業ですが、当時のＩＴバブルの渦中に設立された新興企業の中で生き残っているケースは、きわめてまれといえるでしょう。特に２０００年以降は、アメリカの企業社会に淘汰の嵐が吹いた時代でした。

ＩＴ業界ではありませんが、２００１年12月に当時アメリカ史上最大規模となったエネルギー企業の**エンロン**の経営破綻は、実体の乏しい企業の株価を推奨していたウォール街の脇の甘さや、重要書類をシュレッダーにかけるという公認会計士の隠蔽体質を露呈するものとして注目されました。同社は、規制緩和の中でデリバティブズなどを駆使した経営で急速に業績を伸ばしましたが、その実態は架空取引など粉飾決算にまみれたものだったのです。

従業員数2万人超、売上は１０００億ドル超という大企業が、３００億ドルもの負債を抱えて倒産に至った事実は、アメリカ企業の経営実態について「会計士は嘘をつき、投資銀行は実態を把握していない」という脆さを浮き彫りにしました。

またエンロン破綻の直後には、**グローバル・クロッシング**という光ファイバー事業の大手企業が、米連邦破産法第11条[*]（チャプター・イレブン）の適用申請を行って倒産しました。同社は、１９９７年に設立されたＩＴバブル期の典型的な新興企業です。

米連邦破産法第11条（チャプター・イレブン）
アメリカの倒産手続きにおいて、再建型倒産処理を内容とするものであり、債務者自らが債務整理案を作成できることから、日本の民事再生法に相当する、といわれる。

同社が手がけた海底光ケーブルの敷設は、まさに、インターネット利用の急拡大を見越したものでした。最新技術の導入によって従来型企業よりコストを抑制して売上を伸ばすというシナリオは、一躍投資家の脚光を浴びたのでした。

しかし、ITバブルが崩壊して「ドットコム企業」が相次いで破綻すると、その需要にも陰りがみえるようになります。他社参入による競争激化も加わって業績が悪化し、急拡大していた負債に耐えられなくなったのでした。破綻時の負債総額は約120億ドルと、当時では4番目の規模の大型倒産劇でした。

グローバル・クロッシングの破綻は、機関投資家に保有IT株への売却圧力を与え、ナスダック総合指数の下落を加速させたのです。

そして最後に「ITバブル崩壊」を締めくくったのが、2002年7月に破綻した**ワールドコム**です。同社の前身企業の誕生は1983年にさかのぼりますが、実質的に「国際的な通信会社」としてのワールドコムが生まれたのは1994年で、アマゾンやヤフーが創設される1年前のことでした。

何度かの買収を経て同社はグローバルに展開する大企業となりましたが、携帯電話のスプリントの買収を司法当局から独禁法違反と判断されたことが躓《つまず》きのもととなり、さらにグローバル・クロッシングと同様に、ITバブル崩壊の影響を受けて業績が悪化していきました。

その苦悩の過程で、費用計上すべき取引を資産計上するなど、同社もまた粉飾会計に手を染めるようになっていきます。結果的に、2002年7月に同社も連邦破産法第11条適用の申請を行って破綻しました。

その資産総額は1000億ドルを超え、負債総額も410億ドルと、前述のエンロンを上回るアメリカ史上最大の企業破綻となったのでした。これは、2008年にリーマン・ブラザーズが破綻するまで、史上最大規模の企業破綻の記録でした。

以上は、21世紀初頭に連鎖的に発生したアメリカ企業破綻のほんの一例にすぎません。**ITバブルの崩壊は、過剰投資と過剰債務、そして過剰期待の「3つの過剰」が主因**といえますが、こうした経営の崩壊は、粉飾など偽りの会計にまみれた後味の悪い企業破綻の集合という面もあわせ持っていました。

それは、当時もてはやされていた「アメリカ流ビジネス・モデル」「アメリカ流スタンダード」「アメリカ流資本主義」といったもっともらしい看板が、実は空疎な観念にすぎなかったことをも世界に知らしめることになりました。

そしてこの実体経済とかけ離れた株価形成にひと役買っていたのが、「ニュー・エコノミー時代の到来」を合言葉にIT企業群へマネーを注ぎ込んでいた、ウォール街の商業銀行、投資銀行、そしてベンチャー・キャピタルなどの機関投資家が集う、アメリカの金融社会だったのです。

4 〝グローバル・スタンダード〟に準じた日本経済への影響

巨額の不良債権処理に苦しみ、資本主義の姿を見失っていた1990年代の日本にとって、「ニュー・エコノミー」と呼ばれたアメリカ経済の隆盛は、実にまぶしい存在でした。1980年代に世界を席巻した日本経済モデルからの脱皮として「グローバル・スタンダード」を取り入れる必要があるという主張の下で「アメリカ流のモデルこそが世界標準だ」という論説が人びとの支持を得るようになります。

ビジネス手法から、銀行経営、資本市場、組織運営、人事制度、経営指標、会計基準などに至るまで、**積極的にアメリカモデルを輸入して、低迷する日本経済を「リセット」しようとする動き**が強まっていました。日本政府も「ポスト工業化社会」への取り組みとしてIT化を重要な戦略として位置づけていましたが、その視線の先には、IT戦略で先行するアメリカの姿がありました。

1999年に小渕（**写真**）政権が発表した「ミレニアム・プロジェクト」では、21世紀を迎えるに当たり、「情報化・高齢化・環境対応」という3本柱において産学官共同プロジェクトを構築する方針が示されました。なかでも、新たな第2次産業としての通信産業や第3次産業としての情報サービス業は、半導体事業で力を失いつつあった日本経済の次世代の牽引力として、大きな期待が寄せられたのです。

もっとも民間市場では、1990年代半ばから、インターネットを利用したITビジネスの成長性と潜在性に目をつけた企業が数多く生まれていました。**ソフトバンク**や**ヤフー・ジャパン**、**楽天**、**ライブドア**などはその代表例です。特にソフトバンクは、本業以外に、アメリカのナスダック・グループとともに1999年に「ナスダック・ジャパン」を折半出資で立ち上げるなど、資本市場の改革にも注力しました。

小渕恵三（1937〜2000）
第84代首相。在任中に脳梗塞のため逝去。景気対策として巨額の赤字国債を発行、みずからを「世界一の借金王」と自嘲気味に語ったこともある。

日本の通信・情報産業が急速に拡大していったのは事実ですが、社名にエレクトロニクスの「e」やインフォメーションの「i」をつけただけで株価が上昇する、といったITバブルが起き、アメリカでITバブル崩壊が起きるとその津波は日本にも伝播しはじめます。ソフトバンクや楽天のような一部の例外を除き、当時の新興企業の多くが夢を果たせないままに破綻していったのも、アメリカのITバブル崩壊と相似形でした。

特に、1988年に設立され携帯電話やPHSの普及の風に乗って急拡大していった**光通信**の株価急騰と急落の展開は、日本のITバブル崩壊を象徴するものでした。株式市場で代表的な投機的銘柄となっていた同社株は、経営実態の不透明感の影響で、24万円台から3カ月間で8000円台にまで急落し、他のIT企業の株価や経営にまで影響を与えたのです。

日経平均株価も、IT企業に振り回されました。1999年初に1万3000円台だった同指数は、ITバブルの風に乗って2000年4月には2万1000円近くにまで上昇。しかし、IT企業株の相次ぐ下落とともに急激に失速し、同年末には1万3000円台へと「元の木阿弥」となり、2001年9月にはついに1万円台を割り込むことになりました。

もっとも、こうした**ITバブル形成と崩壊の背景に、証券会社など金融業界が投資家の**

過剰な期待を誘う役割を担ったという意味で、アメリカとの共通性を指摘しておく必要があるでしょう。結局、日本が取り入れようとした「グローバル・スタンダード」は詰まるところ「アメリカのスタンダード」であり、ＩＴブームの隆盛とバブル形成、そして崩壊の過程も、そのシステムに付随する経済現象だったのです。

5 サーベンス・オクスレー法とライブドア・ショック

すでに述べたように、２００１年以降のアメリカにおける大手企業の破綻は、ＩＴバブル崩壊と同時に、企業財務に関する不信感をも募らせました。エンロンの粉飾会計が発覚した際には、会計監査人であったアーサー・アンダーセンが同社に関する社内資料の破棄を内部的に指示していた疑惑が浮上し、世界5大会計事務所のひとつだった同社が解散に追い込まれるという大事件にまで発展したのです。

同事務所が監査資料を抹消した容疑での地裁の有罪判決は、２００５年に連邦最高裁の判決でくつがえされ、結果的には無罪を勝ち取りました。ただし、２００２年時点ですでに顧客の信頼は失墜しており、解散は避けられない運命にありました。

またワールドコムの大型破綻も、粉飾決算の発覚が発端であり、アメリカでは企業会計や財務諸表の信頼性を向上させることが焦眉の急となっていました。そうした状況を背景に２００２年7月に成立したのが「上場企業会計改革及び投資家保護法」と呼ばれる企業改革法です。この法案を提出した議員の名前を冠して「サーベンス・オクスレー法（ＳＯＸ法）」と呼ばれています。

ＳＯＸ法は、投資家の保護を目的として上場企業にガバナンスの強化を義務づける法律であり、監査の独立性や財務情報の開示、内部統制、説明責任など幅広い範囲での企業経営者の責任を求め、内部告発者の保護なども盛り込まれています。

なかでも大きな改革点は、年次報告書に関して虚偽や記載漏れがないことを署名で確認させ、内部統制の有効性を評価する報告書作成を義務づけたことでした。内部統制とは、業務執行のプロセスにおいて、不正や過失が起こらないように管理体制を強化するものです。

こうしたアメリカの動きに対応し、日本でも内部統制の充実を図るべく２００３年4月の内閣府令で、有価証券報告書に代表者による適正性の確認書を添付させ、２００６年6月には証券取引法を抜本的に改正した金融商品取引法において、上場企業に内部統制報告書の作成を義務づけることになりました。こうした一連の規制強化は「Ｊ－ＳＯＸ法」とも呼ばれています。

日本でも、アメリカのような企業の不正は少なくありませんでした。

2004年10月には西武鉄道の大株主だった**コクド**による有価証券報告書の虚偽記載やインサイダー取引のほか、**カネボウ**による巨額の粉飾決算が発覚しました。そしてIT企業の雄として急成長を遂げていた**ライブドア**が、まさにエンロンのような手口で、投資事業組合を利用した粉飾決算を行っていたことも判明しました。

それは、2003年のりそな銀行への超大型公的資金の注入を契機に、ようやく日本経済に再生の兆しがみえはじめ、新興企業による成長ストーリーがささやかれはじめた矢先のことでした。盛り上がりはじめていた日本の新興企業への期待に冷水を浴びせかけるのに十分でした。

市場では「ライブドア・ショック」と呼ばれ、特に同社が上場していた東証マザーズの株価指数を、長期低迷期に向かわせました。ライブドア・ショックは、収益機会を逸した投資家だけでなく、国民全体の期待感をもくじくことになりました。そうした挫折感と閉塞感が、その後の日本経済のデフレ意識を強めていくひとつの遠因になったようにも思われます。

6

商業銀行と投資銀行の接近

株式市場でITバブルが進行していたアメリカでは、もうひとつの新しい金融ドラマが生まれようとしていました。その舞台となったのはもちろんウォール街であり、主役を演じたのは大手商業銀行と投資銀行です。

ニュー・エコノミー説が広がる中で、商業銀行は従来のような融資拡大路線ではなく、投資銀行ビジネスに将来を託す方向に転換していました。その一方で、投資銀行はM&Aなどの業務における優位性をさらに伸ばすべく、商業銀行並みの融資力を持ちたいと考えていました。いわば、商業銀行と投資銀行の急接近です（図9−2）。

両者の業務を分離させていたのは、1933年に制定されたグラス・スティーガル法*でしたが、この法律は1999年のグラム・リーチ・ブライリー法*によって、事実上骨抜きにされました。銀行持ち株会社が、ほかの金融機関の所有を禁じる条項が廃止され

グラス・スティーガル法
1933年に制定された、商業銀行業と投資銀行業の分離を規定したアメリカの銀行法。提案者である上下両院議員の名前からこの名がついた。

グラム・リーチ・ブライリー法
1999年に制定された金融サービス近代化法で、グラス・スティーガル法で定めた業務の分離などを無効にした。法案作成者3名の名前からこの通称が用いられる。

図9-2　商業銀行と投資銀行の業務の違い

	商業銀行	投資銀行
主な顧客	個人、法人、政府など	法人、政府など
資金調達手段	預金	市場調達
主な収益源	住宅ローン 企業融資 債券運用	証券引き受け トレーディング M&A仲介 資産運用業

たのです。

それは、1998年に発表された、**商業銀行の持ち株会社であるシティコープと保険会社のトラベラーズとの合併を、事後的に合法化する目的で行われた法改正**でした。トラベラーズは傘下に証券会社のソロモン・スミス・バーニーを保有しており、この合併によって生まれたシティグループは、銀行・証券・保険など複数の金融業務を兼務することが可能になったのです。

こうして、投資銀行の兼業を心待ちにしていた商業銀行の攻勢は加速していきました。シティコープのライバルであったチェース・マンハッタンは、イギリスの古参マーチャント・バンクだったロバート・フレミングを買収、さらに自前で投資銀行業務を急拡大させていたJPモルガンをも買収して、商業銀行と投資銀行を統合した名実ともに世界最大の巨大金融機関となったのです。

融資と有価証券の双方の市場の主導権を握った**大手米銀は、新たに「信用リスク」をビジネスにする方向性を開拓していく**ことになります。その背景には、自己資本比率の向上のために自身で保有する資産はできる限り抑制する必要があったこと、手数料ビジネスを拡大させてROE（株主資本収益率）を投資銀行並みに高めるよう株主から要請されたこと、といった環境変化がありました。

その中で「収益源」に位置づけられていったのが、クレジット・デリバティブズ*や証券化商品などの新機軸でした。

前者は、1980年代から開発されていたデリバティブズを、社債や融資を原資産とする取引に拡大した取引であり、代表的なものがCDS*（クレジット・デフォルト・スワップ）と呼ばれる商品でした。それは、大手銀行が自身のバランスシートを軽減し、信用リスクの集中度を低下させる機能を持っていました。

クレジット・デリバティブズ
貸付債権や社債の信用リスクを、合意されたリスク・プレミアムの支払いを通じて移転する金融派生商品。リスク・ヘッジしたい金融機関とリスク・テイクしたい投資家や投機筋の間で行われることが多い。

CDS（クレジット・デフォルト・スワップ）
クレジット・デリバティブズの一種で、社債や国債、貸付債権などの信用リスクに対する保険の役割を果たす、オプション形態の取引。

また後者の証券化商品は、事業法人が抱える売掛債権や不動産などの資産をオフ・バランス化して財務の柔軟性を確保するという役割を果たす一方で、保険会社やファンドなどの機関投資家に新たな資産クラスを提供するという斬新なビジネスとして発展していきました。

どちらも新しい経済時代の幕開けにふさわしい業務展開のように思われましたが、金融緩和の時代にあって、その無防備な拡大は、新たなバブルを醸成していくことにつながったのでした。ＩＴバブル崩壊の次にきたのは、住宅バブルです。それが、アメリカだけでなく世界を震撼させるほどの惨劇を招くことになるとは、この時点ではほとんど誰も想像していませんでした。

第9章のポイント！

ＩＴバブル：インターネットを利用したＩＴ企業こそ従来型のビジネスを駆逐する「ニュー・エコノミー」を実現するとして、成長を期待されて投資が過熱したこと。１９９９年の米ナスダック総合指数の年間上昇率は86％にも達したが、２０００年3月に同指数はピークを打ってＩＴバブルは崩壊、２００２年10月には最高値から78％も下落した。

● 実績を生み出せずに資金調達に走ったベンチャー企業が相次いで破綻し、エンロンやグローバル・クロッシング、ワールドコムなどの大型倒産も相次いだ。企業財務への不信感も高まり、企業会計や財務諸表の透明性向上を目指し、通称ＳＯＸ法が２００２年に導入された。

● 積極的にアメリカ・モデルを輸入した日本でも、アメリカと相似形のＩＴバブルとその崩壊を引き起こした。当時もてはやされていた「アメリカ流スタンダード」が空疎な観念だったことを、世界に知らしめた。

● ニュー・エコノミー説が広がる中で、商業銀行は従来の融資ではなく投資銀行ビジネスの拡大を積極化し、クレジット・デリバティブズや証券化商品の業務を拡大、新たなバブル醸成の土壌をつくった。

第10章

リーマン危機に連なる“ゲーム”

アメリカ型金融モデルの崩壊

2007年	8月	パリバ・ショック
2008年	5月	ベア・スターンズをJPモルガンが買収
	7月	ファニーメイなど政府支援機関が国有化
	9月	リーマン・ブラザーズ破綻
	10月	グリーンスパンFRB議長が議会で危機対応について証言
2009年	1月	メリルリンチをバンク・オブ・アメリカが買収
2010年	7月	アメリカで金融規制改革法

1

2007年8月9日 100年に一度の危機はどのように始まったのか

ＩＴバブルが崩壊した後、ＦＲＢは金融緩和策でアメリカ経済の立て直しを図らざるを得なくなっていました。２０００年には４％の成長率を達成していた同国も２００１年には１％を割り込み、同時多発テロ（９・11）事件という惨事もあって、２００２年も２％に満たない成長ペースに鈍化していたからです。

その緩和基調の下で、アメリカに新たな「資産バブル」が進行していきます。今回の主役は住宅市場でした。アメリカ政府は従来、国民に対して「持ち家」を奨励してきました。民主党のクリントン政権も、共和党のブッシュ政権も「持ち家拡充」では一致しており、家を購入することがアメリカン・ドリームのひとつの実現スタイルになっていたのです。

特にブッシュ大統領（**写真**）は、「オーナーシップ社会構想」

ジョージ・W・ブッシュ（1946〜・左）
第43代大統領。第41代大統領を務めたジョージ・H・W・ブッシュ（右）の長男。2期目の退任間際にリーマン危機が発生、アメリカ経済は急失速し、支持率は低迷したままでの退任となった。

図10-1　サブプライム・ローンの証券化

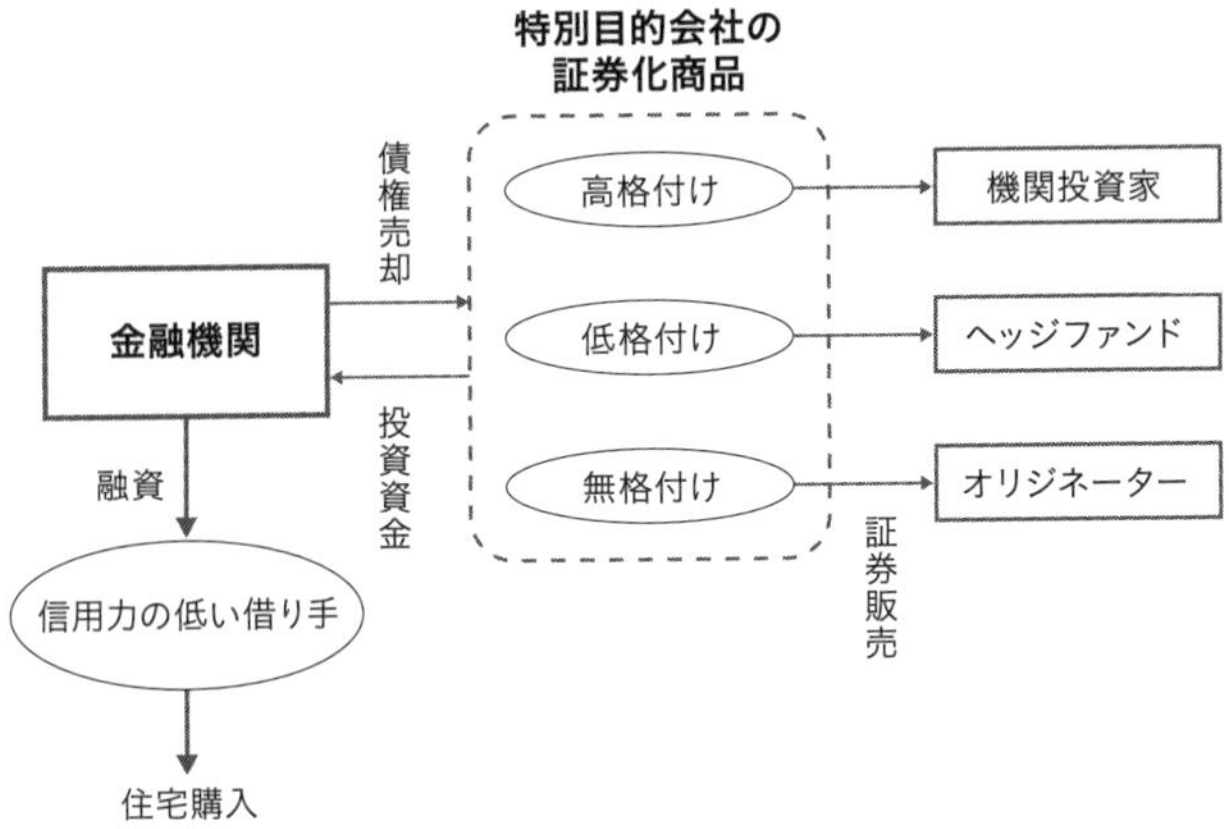

を実現させるために、マイノリティや低所得層への持ち家奨励を行い、これにFRBの緩和政策が呼応しました。そして信用力の低い人々に住宅融資を行う「サブプライム・ローン」（図10－1）が、ウォール街の金融機関の収益源に育ちはじめたのです。そこで大きな役割を果たしたのが、証券化市場（詳しくは、前第9章参照）でした。

アメリカの金融機関が保有する**サブプライム・ローンは、特別目的会社という受け皿に集められ、信用力に応じたいくつもの証券化商品に「加工」**されます。一定の金額まではリスクの高い証券が損失を負担するという仕組みの下で、元利金の安全性が高められる証券がつくり出されるのです。

　こうして生まれた、ＡＡＡやＡａａといった最高格付けが付与された証券には、世界中の投資家から需要が集まり、アメリカ外では特に欧州市場で飛ぶように売れました。欧州には同様の商品が乏しく、特に銀行は、自身のポートフォリオとしてだけでなく、傘下のファンドにおいてもこうしたサブプライム・ローンの証券化商品への投資を活発化させていきました。

　住宅市況が順調であれば、信用力が多少低いローンでも問題は表面化しません。アメリカの住宅価格は２００１年以降右肩上がりの好況が続き、低所得の家計でもローンで購入した家が値上がりして売却益を得たり、担保余力ができて、さらにローンを借り増す、といった平和な状況が生まれていました。

　その転機が訪れたのは、２００６年です。住宅価格の上昇速度が低下し、6月ごろには業界にピーク感が出ていました。しかし、**市場には「住宅神話」が根強く残っており、その時点で価格下落への警戒感はまだ希薄**でした。

　そして２００７年に入ると、市場の様相に変化がみえはじめます。１９９７年以降の10年間でアメリカの住宅価格指数は１２４％上昇し、過熱感が指摘される中で、住宅価格はついに値下がりを始めたのです。

一方、FRBは2003年6月に政策金利を1・0%まで引き下げた後、2004年6月以降は徐々に引き締めモードに入り、2006年6月には5・25%という水準に戻していました。低所得の人びとや変動金利で借り入れていた人びとは、金利支払いに支障をきたすようになり、それが証券化市場の不安材料として急浮上しました。

住宅市況の悪化と歩調を合わせるように、証券化市場にも警戒感が強まって、流通市場での売買はストップし、流動性は一気に消失して価格水準がまったくみえなくなりました。適正価格がわからないとなれば、そうした商品に投資しているファンドのNAV（Net Asset Value：1口当たりの純資産価値）もわかりません。投資家は一刻も早く解約しようと急ぎます。

そんな解約要請が殺到すれば、投資家に資金を返還するために、その資産を売らなければなりません。しかし、市場で値がつかないので、証券化商品は売るに売れません。そこで、傘下に証券化商品に積極的に投資をしていた運用会社を抱えるフランス金融最大手のBNPパリバは、2007年8月9日に、「グループ内の3つのファンドでは投資家の解約請求に応じない」と発表したのです。

この突然の発表に金融界は驚愕します。事の重大性に気づいた為替市場では大混乱が起き、株式市場も急落しました。ファンド総額は約16億ユーロと小規模でしたが、市場心理が悪化していた中では、金額の多寡は関係ありません。市場の鎮静化を図るため、ECBは即座に948億ユーロという巨額の資金供給を発表せざるを得ませんでした。

この「パリバ・ショック」こそが、その後「100年に一度」（グリーンスパンFRB元議長）とまでいわれた金融危機の幕開けとなったのでした。

2 証券化商品の弱点

証券化の始まりは、1970年のアメリカ連邦政府抵当金庫*（通称、ジニーメイ）によるモーゲージ担保証券（MBS）発行にさかのぼります。住宅ローンなどの不動産担保融資を裏づけとして発行される証券で、流動性や格付け、利回りの高さが投資魅力となります。その後、民営化された連邦住宅抵当公庫*（ファニーメイ）や連邦住宅貸付抵当公社*（フレディマック）なども同様の証券化商品を発行するようになり、アメリカの住宅金融は証券化

連邦政府抵当金庫（通称、ジニーメイ）
1968年に連邦住宅抵当公庫（ファニーメイ）が民営化される際に、分離して全額政府出資で設立された政府機関。モーゲージ担保証券の元利金支払い保証サービスを提供している。

連邦住宅抵当公庫（ファニーメイ）
住宅ローン債権の買い取りや証券化を主な業務とする金融機関。1938年に住宅取得を促す目的でアメリカ政府が設立し、1968年に民営化された。サブプライムローン問題発生前までは、ファニーメイ発行の証券は政府機関債とみなされ、アメリカ債に次ぐ信用力があったが、2008年の金融危機の際に事実上国有化された。

連邦住宅貸付抵当公社（フレディマック）
住宅市場に安定的に資金を供給するために、1970年に設立された。ファニーメイと役割はほぼ同じで競合関係にあり、2008年に同様に国有化されている。

図10-2　証券化の仕組み

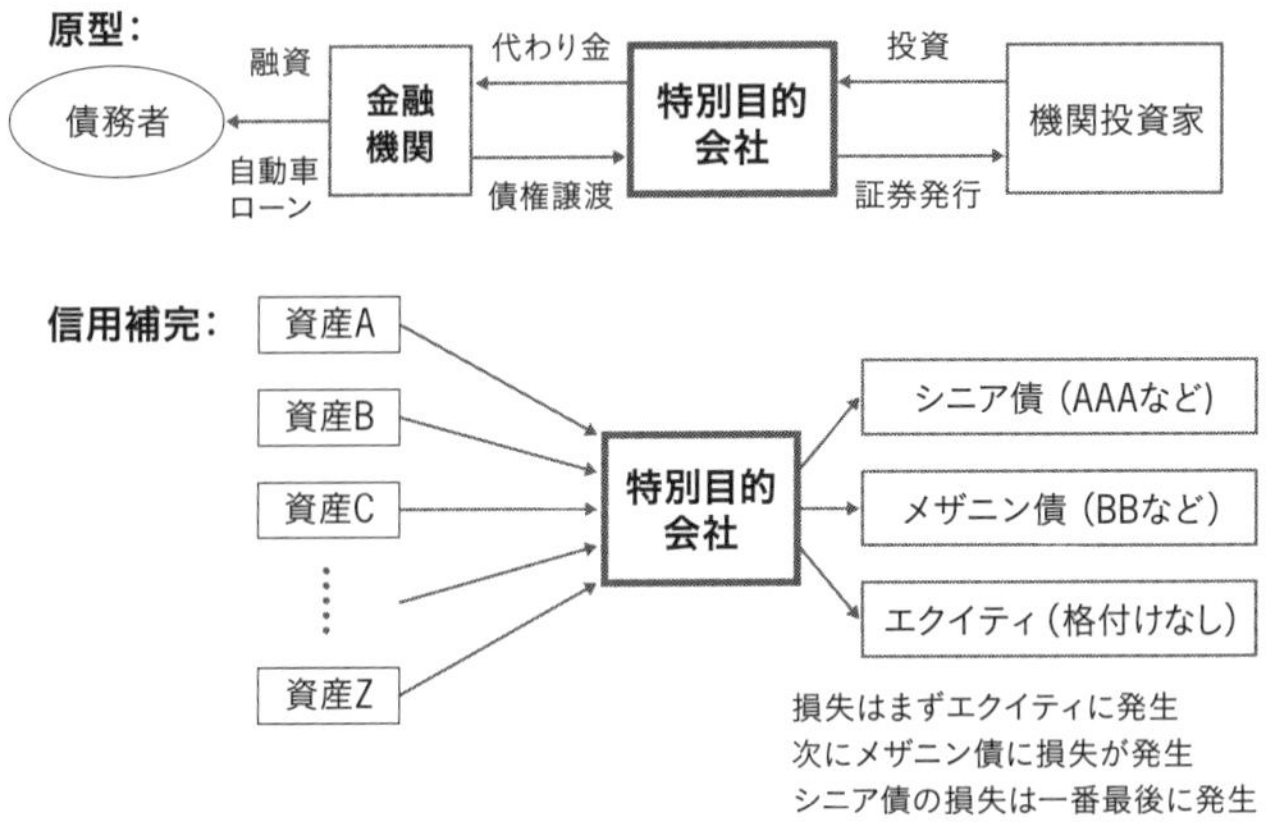

市場に支えられて拡大する、という構図が定着していきました。

　証券化とは、債権者がその債権を特別目的会社に売却し、それが発行する債券を別の投資家が購入する「間接金融から直接金融へ」という一種の金融構造変換です（図10−2）。銀行が貸出債権を証券化する場合は、債権者としての金融機関はバランスシートに余裕ができて、新たな貸出を行うインセンティブが生まれます。従来、国債以外は社債運用に特化せざるを得なかった機関投資家は、銀行融資が証券に衣替えされたその商品に投資することで、新たなアセット・クラスへのアクセスが可能になるのです。

　第2章でみたように、**累積債務問題の**

処理に悩む銀行にとって、この証券化はひとつの解決策となりました。そして、自動車ローンやリース債権、売掛債権といった資産をまとめて証券化し、バランスシートを軽減させた金融会社も大きな恩恵を受けました。1980年代に入ると、こうした債権を担保とした「資産担保証券（ＡＢＳ）」の発行が急増し、アメリカでは社債と並んでそれら資産担保証券やモーゲージ担保証券が資本市場で大きな役割を果たすようになりました。

証券化の波は日本にも波及し、1993年の特債法（特定債権等に係る事業の規制に関する法律）によって道が開かれ、1996年の同法改正により、資産担保証券が発行されるようになりました。これは、日本の資本市場機能の拡大という観点で、きわめて重要な一歩でした。

もっとも、証券化商品にもいくつか問題はありました。特にアメリカ市場の場合、サブプライム・ローンの証券化が増える中で、その**信用力をどう判断し、どのような信用補完を行うべきかが議論の的**になりました。信用補完とは、前述したように「信用力の高い商品をどう設計するか」という問題です。もっと端的にいうと、ＡＡＡやＡａａといった最高位の信用格付けをいかに取得するか、ということです。

格付け会社は、投資家からではなく、発行体から手数料を受け取って格付けをする企業です。しかし、証券化の際は、アレンジャーである投資銀行との交渉になります。また証券化商品の格付けは、企業の財務状態から判断される社債格付けと違って、あくまで過去の統計にすぎないデフォルト率を利用したシミュレーションに基づいて決定されます。

こうして格付け会社と投資銀行は利益相反に近いかたちで、サブプライム・ローンのデフォルトなどに関するデータを収集してシミュレーションを行い、最高格付けを付与するための商品を設計しました。

機関投資家は、こうした格付けをみて投資を行っていたのです。BNPパリバ傘下のファンドも例外ではありませんでした。そして、格付け決定に用いられたデータや解析手法には限界がありました。住宅価格が30%以上も下落するようなシナリオには、対応できていなかったのです。

信用力の低いサブプライム・ローンをいくつかき集めても、信用力の高い商品をつくることはできない、というのは振り返ってみれば当然のことでしょう。しかし**当時は、証券化の技術がそんなマジックを可能にしたのだ、と多くの市場参加者が信じていた**のです。臨場感とは恐ろしいものです。

２００７年以降のアメリカ市場では、安全確実だと思われていたＡＡＡやＡａａの証券化商品の元本割れが続出し、投資家は疑心暗鬼になり、金融機関の間でも保有証券の巨額損失がささやかれるようになりました。

金融システムは、金融機関は相互に密接な取引関係で成立しているため、こうした証券化商品への疑心は、市場全般に影響をおよぼしはじめます。２００７年下半期、特に注目されたのが、モーゲージ担保証券に軸足を置いて経営していた、アメリカ5位の老舗投資銀行ベア・スターンズの財務状況でした。

3 ベア・スターンズからリーマン・ブラザーズへ

アメリカの金融機関は、日本や欧州と違って経営の独自性を打ち出しているものが少なくありません。大手銀行と一口にいっても、シティグループとＪＰモルガンではその収益構造が大きく異なり、投資銀行でもゴールドマン・サックスとモルガン・スタンレーとでは経営スタンスも微妙に異なります（図10－3）。

そんな多種多様なアメリカ金融界の中にあって、**特に異彩を放っていたのがベア・スターンズ**でした。１９２３年に創設された同社は、アメリカ大手証券の一角を担っていましたが、そのビジネスの特徴は、株式の引き受けやＭ＆Ａ仲介といった業務ではなく、モー

図10-3　米大手金融機関のビジネスモデル

◎は得意、○は普通、△は弱い

企業名	商業銀行		投資銀行			特徴
	企業融資	個人業務	引受	市場売買	資産運用	
JPモルガン	◎	○	◎	◎	○	満遍なく強味発揮
ウェルズファーゴ	△	◎	△	△	△	住宅ローンで全米一
シティグループ	○	◎	○	○	○	海外業務に強い
ゴールドマン・サックス	△	△	◎	◎	◎	投資銀行で抜群の力
モルガン・スタンレー	△	△	◎	○	◎	資産運用業に注力

ゲージ担保証券の組成や販売にありました。そうした得意分野を生かし、海外の機関投資家からヘッジファンドまで、幅広い顧客層をしっかりつかんだユニークな投資銀行だったのです。

しかし、とどまるところを知らない住宅市況の活況やモーゲージ担保証券の急速な拡大は、同社の経営をリスクの高い「レバレッジ経営」へと傾斜させていきました。そもそも投資銀行は資産を保有して稼ぐ金融機関ではなく、証券引き受けや財務アドバイスなどで手数料を受け取ることをビジネスモデルとしています。しかしながら、借入れが容易な環境で資産市場も絶好調となれば、商業銀行のように資産を保有して稼ぐ経営形態も魅力に感じられるようになります。

証券化市場では、デリバティブズを組み合わせた複雑な商品も多数生み出されており、高い格付けで高いリターンが期待できる商品は、資産保有による利益を指向する投資銀行の絶好の投資対象になりました。ただし、そうした商品は客観的な価格判断が難しく、市場で売買できるような商品ではありません。したがって、必然的に「長期投資」として、商業銀行のように満期まで保有せざるを得ないものとなったのです。

ベア・スターンズは2007年末の段階で、110億ドル規模の資本に対して明らかに過大な約4000億ドルもの資産を保有するに至りました。約36倍のレバレッジです。そしてその資産の多くは、流動性の高い証券ではなく、前述のような、利回りは高いが市場売却の難しい証券化商品でした。

もっとも、**同社の経営危機を招いた発端は、傘下の2つのヘッジファンドの破綻**です。そのファンドでは、借り入れた資金できわめて投機的な商品に投資していたことから、住宅市場が低迷へと向かう中で、損失が雪だるま式に膨れ上がったのです。

ベア・スターンズの財務状況は急激に悪化し、自力再建もかなわず、2008年3月にJPモルガンに身売りすることになりました。公表された買収価格は、1株当たり2ドルという屈辱的な水準でした。その後、呈示価格があまりに低すぎるという批判を浴びて、

JPモルガンは10ドルに引き上げましたが、それでも2007年1月に付けた約171ドルの最高値との落差に、市場はただ驚くばかりだったのです。

そんなベア・スターンズの劇的な身売りシーンの余韻が残る中、市場では「次はどこか」という破綻候補探しが始まりました。規模からいえば、メリルリンチとリーマン・ブラザーズでしたが、前者はバンク・オブ・アメリカに救済されたため、市場の関心は後者に集まりました。

リーマン・ブラザーズは1850年創業の老舗であり、ゴールドマン・サックス、モルガン・スタンレー、メリルリンチに次ぐアメリカの投資銀行第4位ながら債券取引に強みを持ち、日本をはじめとして世界中に拠点を張りめぐらして営業基盤を拡大していました。ただし上位3社との差は大きく、何とか追いつこうとして、モーゲージ担保証券や商業用不動産取引への傾斜を強めたことが、結果的に命取りになったのです。

同社もまたベア・スターンズと同様に、資金を借りて資産を保有する戦略を採っていました。その資産の多くは、個人向けのサブプライム・ローンではなく、商業用不動産担保融資を裏づけとする証券化商品（CMBS）でした。

リーマン・ブラザーズの経営破綻観測が強まる中で、同社ほどの規模の金融機関を救済できる銀行は世界中のどこにもいない、という見方が強まり、最終的にはアメリカ政府が救済するのではないかとの思惑も浮上しました。ところが、そうした予想を裏切り、2008年9月15日に、同社は破産法第11条の適用申請を行って、経営破綻したのでした。

資産総額6390億ドルという史上最大の破綻劇は、世界中で株価の急落を引き起こしました。景気後退への懸念も強まって、人びとも大きな不安に包まれました。アメリカ政府とFRBによる「大恐慌の再来回避」への辛く長い日々が、ここから始まったのです。

4 ウォール街の雄たる投資銀行の凋落

アメリカの第4位、第5位の投資銀行が半年のうちに消滅したことは、金融界を震撼させました。「リーマン・ショック」が資金市場を凍結させ、アメリカの国債市場ですら流動性が枯渇し、円滑な金融取引が不可能となる中で、上位陣のゴールドマン・サックスやモルガン・スタンレーですらも、必ずしも経営は安泰といえなくなっていました。モルガン・スタンレーは三菱UFJフィナンシャル・グループからの出資を仰いで、急場をしのぐことになったほどでした。

リーマン・ブラザーズが破綻した後、アメリカ住宅金融を支えていたファニーメイとフレディマックの2つの政府支援機関も事実上国有化されることになり、また、CDSの大量ポジションを抱えていた保険大手のAIGにも政府支援の手が差し伸べられました。米財務省は議会を説得して、7000億ドルの公的資金を銀行などに資本注入したのです。

こうした一連の救済措置の中で、前記の2大投資銀行もFRBからの資金支援を受けるために、苦肉の策として「商業銀行」に衣替えし、何とか資金確保の目途をつけました。政府がAIGを救済したのも、同社との取引量が巨額にのぼっていたゴールドマン・サックスの窮状を意識したため、とみられています。

かくして投資銀行破綻の連鎖は避けられましたが、それまでウォール街の雄として輝いていた投資銀行の凋落は、目を覆うばかりでした。それまで金融危機といえば、商業銀行の融資行動が原因となることがほとんどだったのです。

いったい、投資銀行に何が起きたのでしょうか。

アメリカの投資銀行の起源をさかのぼれば、イギリスのマーチャント・バンクに行き着きますが、その祖先は、17〜18世紀にドイツやオランダ、イタリアなどで活躍した商人資本です。彼らは19世紀にイギリスに移民し、20世紀にはポンドという当時の基軸通貨をバックに、世界的な金融業者としてのし上がったのです。そして、世界経済と国際金融がアメリカを中心に回りはじめた20世紀後半に、アメリカの金融機関にその座を奪われました。アメリカでは、1933年のグラス・スティーガル法で、商業銀行と投資銀行が分離され、後者は株式や債券の引き受け・販売などに徹することになりました。その後、資本市場の拡大に平仄《ひょうそく》を合わせるように、証券売買やデリバティブズ、M&A仲介といった分野に業務を拡大し、収益力を高めていきました。金融工学の発展も、投資銀行に新しいビジネス機会をもたらすことになりました。

ただしその成長過程の中で、利益を社員に還元するボーナスの配分をめぐって社内の部門間競争が高まり、目先の収益力アップを狙った突飛な商品開発やトレーディングなど、リスクテイク・ビジネスへの傾斜が強まるようになります。特に**リスクテイクに関しては、当初は短期売買だった戦術が、次第に長期保有を前提としたリスク資産投資へと変化**していきました。

投資銀行は、モーゲージ担保証券の組成の際に、みずからも投資家として参加し、その資産を保有するようになりました。ただし、その資産の多くは仕組みの複雑さから「正当な時価」が測定できず、市場でも売買が不可能な特異な商品でした。したがって、簿価評価をすることで評価損を避け、高いクーポン収入を得て利益だけが計上されるという不自然な決算が行われていたのです。

そこには、株主からの強いROE向上の要請も影響していました。ほかの産業が20％以上のROEを上げているのに、金融業界だけは低くてよいという言い訳はできません。1999年にパートナー制から公開企業となったゴールドマン・サックスの経営姿勢に大きな変化が生まれたのも、当然のことでした。

こうして投資銀行は、ハイリスク・ハイリターン経営へ突き進んでいきました。ただし、住宅市場が絶好調のときには、それがハイリスクだという認識は乏しかったのかもしれません。投資銀行は「ついにローリスク・ハイリターンの経営方法を見つけた」という自己満足に浸っていたのでしょう。その**慢心は、金融危機を克服した現在の市場に再び蘇ってきた**ようにも思えます。

5 レバレッジの甘い罠

資産運用において、レバレッジの利用はその運用結果に大きく影響します（図10－4）。一方で、**企業経営の場合には、他人資本によって利益率を高めるレバレッジを用いるのが**

図10-4　レバレッジの効果

		レバレッジあり	レバレッジなし
運用開始	元手	100万円	100万円
	借入	400万円	0円
	合計	500万円	100万円
運用成功	利回り	10%	10%
	利益	50万円	10万円
	手許資金	150万円	110万円
運用失敗	利回り	−20%	−20%
	損失	100万円	20万円
	手許資金	0円	80万円

普通です。特に規模の大きな企業の場合、工場を建設したり設備を導入したり、あるいは人材を採用したりするのに、自己資本ですべて賄《まかな》うという選択はほぼ不可能です。逆に、自己資本だけでは、金額的な制約から潜在力が十分に発揮できなくなってしまう恐れもあります。

企業が銀行から借金するように、銀行も預金者から借金します。バランスシートをみると、銀行の負債には「預金」が大きなシェアを占めています。銀行が預金を集めればその負債の拡大につながるため、銀行員の預金集めの仕事は「負債水準を高めることだ」と表現することもできます。もちろん、**銀行ビジネスの本質は「優良な資産を保有する（融資を行う）ために負債を増**

図10-5　銀行と事業会社の財務構造の違い

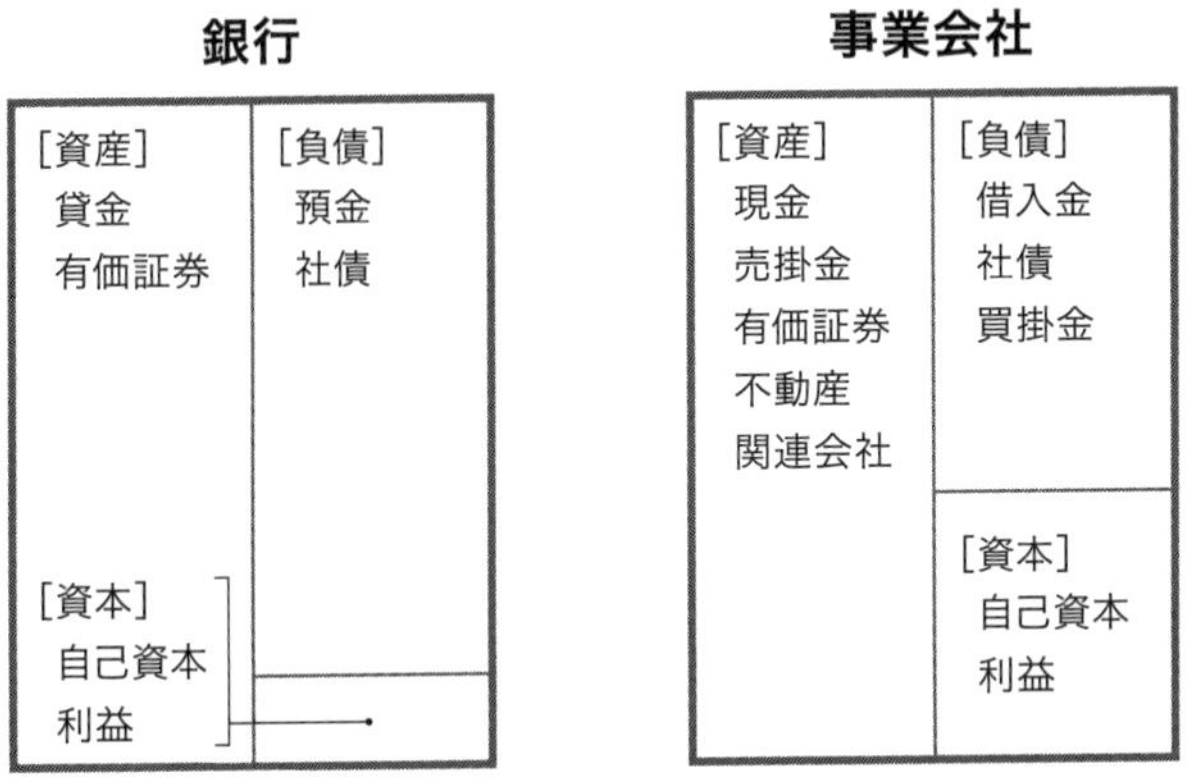

やす（預金を集める）」ことにあります。

　したがって、銀行の負債と資本の比率を事業会社と比べれば、かなり高い数字になります**（図10－5）**。たとえば三菱商事の場合、自己資本に対して負債が何倍かを示す「レバレッジ比率」は2倍程度ですが、三菱東京ＵＦＪ銀行では20倍前後となっています。商業銀行はその比率があまり高くならないように、資産にリスクウェイトを加味した「自己資本比率」という別の尺度を通じて、財務の健全性を維持することが求められているのです。

　しかし、投資銀行の場合は商業銀行と違って、資産を保有することが本来のビジネスではありません。投資銀行が資産を持つのは、通常は対顧客ビジネスのために証券を在庫として短期的に保有するケースです。したがって、そのために調達されるのは短期の資金になります。それを支えてきたのがレポ市場でした。

日本のレポは「現金担保付きの債券貸借取引」と呼ばれますが、アメリカでは「買い戻し条件付き債券売買取引」と定義されるように、債券ディーラーなどが手持ちの米国債などを買い戻し条件付きで売却して短期資金の調達を行う取引のことを指します。

投資銀行は、米国債や社債などの在庫をファイナンスするために、このレポを通じて商業銀行や機関投資家などから、一定割合の掛け目に基づいた資金借入れを行うのです。期間は翌日物（オーバーナイト）から数カ月まで可能ですが、２００７〜２００８年当時、ほとんどのケースは翌日物で占められていました。

このレポ市場のおかげで、投資銀行は預金という安定的な資金調達手段を持たないにもかかわらず、30倍、40倍といった高いレバレッジ比率を維持できるようになっていました。

しかし、この便利な**レポ取引も、基本的には事実上の担保となる証券の質で支えられています**。国債などであれば問題ないのですが、前述のように投資銀行が保有していたのはモーゲージや商業用不動産担保融資などを原資産として組成された証券化商品であり、その正確な価値を客観的に測定できないものも多く含まれていました。

レポ取引における担保のヘアカット（担保価値の削減率）は、取引時点でのその信用力に応じて決められますが、担保の質が低下すればヘアカットは引き上げられます。実際に、住宅市況の悪化と証券化市場の混乱を受けて、証券化商品のヘアカットは大幅に上昇しました。その結果、借入れできる金額が減少したために、投資銀行はほかの借入れを行うか資産を売却するか、の選択を強いられたのでした。

当然ながら、市場の不安感が高まっているときに、簡単にほかの借入れ手段は見つかりません。すると、残る選択肢は「資産の投げ売り」です。実際に、こうした売却が市場価格の下落に拍車をかけて、パニックを引き起こしました。

市場価格が下落すれば保有資産の評価損も増え、自己資本不足に陥ってしまいます。リーマン・ブラザーズの経営破綻の底流には、そんなレポ市場のメカニズムが働いていたのでした。

6 金融行政は金融機関の本質を見抜けなかった

住宅価格が上昇しつづけることへの期待、証券化商品への過信、レバレッジへの依存症といった現代金融機関の「甘えの精神」は、高いボーナスという誘惑に釣られた強欲と、リスクを軽視する慢心とで構成されていました。しかし、「100年に一度」の金融危機を招いた原因を、民間金融だけに求めるのは不公平です。

繰り返しになりますが、1980年代後半以降のアメリカ経済は、グリーンスパンFRB議長による手綱さばきが奏功し「グレート・モデレーション（超安定化）」と呼ばれる時代に入っていました。1990年代も抑制された物価上昇率の下で安定的な成長率が実現され、2006年ごろまで約20年間にわたる長期安定成長がもたらされたのです。

同議長は「マエストロ」と呼ばれ、誰もがその健全な経済成長の持続性を信じて疑いませんでした。並行して実施された金融規制の緩和は、そうした安定成長に貢献するものとみなされたのです。商業銀行は手数料ビジネスの機会を求めて投資銀行化し、投資銀行は資産を保有して稼ぐビジネスに傾斜して商業銀行化し、金融業界は「成長産業」の仲間入りをして、高い成長率に寄与することになったのでした。

その過程で、**デリバティブズ市場の多様化や複雑化は「金融の進歩」と判断されて、規制の必要性は無視されました。**証券化商品は、リスクの分散機能として有益なツールだ、という評価が高まっていたからです。FRBは、こうした一連の金融技術と商品開発をポジティブにとらえていたのです。

その市場の自律性にゆだねた新自由主義的な金融行政アプローチは、金融機関の倫理観や責任感、そしてプロフェッショナリズムを前提としたものでしたが、「強欲」と「慢心」に染まったウォール街は、当時の議長が想定していたよりはるかに自己中心的な経営者の集まりでした。

2006年に議長を退任したグリーンスパン氏は、リーマン・ブラザーズが破綻した後の2008年10月に議会に呼び出され、「今回の危機は、市場がいかに機能するかに関する私の理解を大きく揺さぶった」と述べ、さらには、自由放任がベストという持論を撤回して「デリバティブズには規制が必要だった」と発言しています。

結局、サブプライム・ローン問題からリーマン危機に至るまでのアメリカ金融の物語は、**自由放任の金融行政の下で金融機関が自由自在にゲームを楽しみ、失敗のツケを世界全体に押しつけた**ものでした。そして、ウォール街はアメリカ国民の税金で救われ、世界を混乱に陥れた金融経営者は誰ひとりとして刑事罰を受けることなく、現在に至っているのです。

米議会は、二度とこうした悲劇を繰り返さないように、2010年7月に金融規制改革（ドッド・フランク）法[*]を制定し、

金融規制改革（ドッド・フランク）法
2008年以降の危機を教訓として、金融危機の再来を防止するために2010年に制定された包括的な法律。金融システム・リスクの最小化、デリバティブズ市場の透明性強化、そして消費者保護などに焦点が当てられている。

銀行の投機的行動を抑制するとともに、大手銀行の救済を許さない制度をつくりました。FRBも厳しいストレス・テストを導入して、銀行経営の健全化に努めています。

しかし、「大きくてつぶせない銀行」は残されたままです。さらには銀行以外にも、第12章で詳述する「シャドー・バンキング」と呼ばれる金融セクターへの規制導入は、大きく立ち遅れています。リーマン危機の再現はない、といい切れないのが残念ながら現実なのです。

第10章のポイント！

● パリバ・ショック：2006年にアメリカの住宅価格の上昇速度が鈍化し、FRBが政策金利を引き上げはじめると、低所得の人びとが借り入れる住宅ローン（サブプライム・ローン）の金利支払いが滞るようになった。これが証券化市場の不安材料となり、ファンド解約要請が殺到した。2007年8月にBNPパリバ傘下の運用会社が、そうした解約請求に応じないと発表すると、為替市場や株式市場が大混乱に陥り、〝100年に一度〟の危機の幕開けとなった。

● 住宅市場が過熱した背景には、アメリカ政府の「持ち家奨励」政策があった。ITバブル崩壊や同時多発テロ後の経済立て直しに向けた金融緩和の過程で、信用力の低い人びとに住宅融資を行うサブプライム・ローンが拡大し、それを組み込んだ証券化商品がアメリカ内外で飛ぶように売れた。

● レバレッジ経営に傾斜したベア・スターンズはJPモルガンに吸収され、救済先のなかったリーマン・ブラザーズは、史上最大の破綻劇を引き起こした。

● 格付け会社は、利益相反に近いかたちで証券化商品に高い格付けを付与していた。一方、デリバティブズ市場の多様化や複雑化は「進歩」として、規制の必要性は無視されてきた。

● 米議会は金融危機の反省から、2010年7月に金融規制改革法を制定した。

解説コラム

中央銀行と不動産

各国の中央銀行は、金融のプロが集まる集団であるにもかかわらず、リーマン危機の際には金融市場に蓄積されていたリスクを事前に見極めることができませんでした。イギリスのエリザベス女王が、金融危機の原因について英中銀（イングランド銀行）に質問したのは有名な話です。女王は「油断したのでは」と問いかけ、英中銀も否定はしなかったそうですが、必ずしもそれだけが原因ではなかったように思われます。ひとつ挙げるとすれば、それは不動産市場に対する観察力です。

不動産は金融と密接に結びついた市場ですが、金融のプロは必ずしも不動産のプロではありません。2008年の金融危機の背景には、アメリカ不動産価格の上昇を前提とした金融取引が積み上がる中で、住宅バブルが弾けたことがありましたが、FRBにはそうした不動産と金融の接点に対する洞察力が欠けていたように思われます。それは、不動産バブル崩壊の後、巨額の不良債権処理に苦しんだ1990年代の日本にも同じことがいえるでしょう。

第11章

ギリシャ財政不安でユーロ絶体絶命

ユーロ圏の南北問題と問われつづける共同体理念

2009年	10月	ギリシャで新政権が財政問題を暴露
2010年	1月	欧州委員会がギリシャの統計不備を指摘
	4月	S&Pがギリシャを「投資不適格（BB+）」に格下げ
	5月	EU、IMF、ECBがギリシャへの1100億ユーロ支援
	11月	アイルランドが支援要請
2011年	4月	ポルトガルが支援要請
	11月	ギリシャがユーロ離脱をめぐる国民投票実施を発表（その後撤回）
2012年	2月	EU、IMF、ECBがギリシャへの1300億ユーロ追加支援
	6月	スペインが支援要請
	7月	ドラギECB総裁が「何でもやる」と発言

1 2010年1月12日 ギリシャの統計不備を公言した欧州委員会

アメリカ発のリーマン危機の余韻が残る2009年秋、実体経済では雇用や消費、生産面において厳しい状況が続いていましたが、アメリカ政府やFRBによる徹底した「金融システム維持」の施策が奏功して、株式市場は反転していました。

そこに2つの懸念材料が飛び込んできます。

第1は、中東のアラブ首長国連邦のひとつであるドバイからのニュースでした。超高層ビル建設や人工島造成などで知られる政府系企業「ドバイ・ワールド」が、リーマン危機の余波を受けて資金調達に行き詰まったというのです。

そして第2は、ユーロ圏の一角を占めるギリシャの総選挙において政権交代が起こり、旧政権下で隠蔽されていた財政赤字問題が新政権によって暴露されたことでした。GDPに占める財政赤字が、公表の4％どころでなく13％にも達するという衝撃的な事実でした。

ドバイ問題に関しては、豊富な石油資源を有するアブダビが支援姿勢を固めたことで、市場不安は払拭されていきましたが、ギリシャはそううまくいきませんでした。それどころか、同国の財政状況は当初想像された以上に悪化していたことが判明し、市場には、にわかにギリシャの債務返済能力を疑う声が強まりはじめました。

その**危惧を決定的にしたのが、翌2010年1月12日に公表された欧州委員会による報告書**です。その中で欧州委員会は、「ギリシャ発表の経済統計は信用できない」と公言し、市場は以前から噂されていた同国の「ユーロ加盟疑惑」を思い出さざるを得なくなりました。

ユーロに加盟するには、物価、財政、金利、為替などの諸項目において一定の条件を満たす必要があります。特に、財政赤字に関しては、その水準がGDP比3％以下であること、公的債務水準が同60％以下であること、という具体的な目標値が定められているのです。

1999年に11カ国がユーロを導入した際に、ギリシャはこの目標値が達成できなかったために出遅れてしまいました。2年遅れで2001年にその仲間入りを果たすことができた際にも、市場には、本当に同国が「経済収斂基準」と呼ばれるそのハードルをクリアしたのだろうか、といぶかる声がありました。

そこには、ゴールドマン・サックスとの間で行われた通貨スワップ取引によって、財政赤字削減が表面的に修正されたのではないか、という憶測が根強く残っていました。結局、

図11-1　ギリシャ支援のトロイカ体制

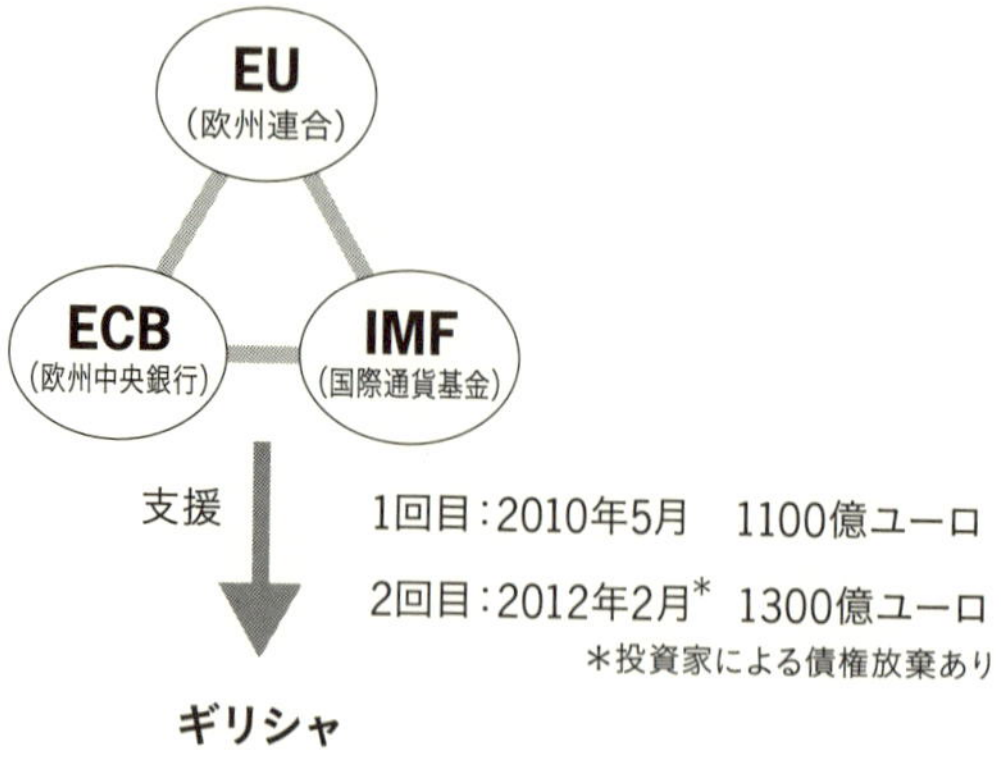

同取引が不当との判断は示されなかったものの、金融プロの目には、財政状態を「操作」したことは明らかでした。また、財務状況の調査が進むにつれて、同国の徴税システムの杜撰《ずさん》さも判明し、市場のギリシャ不信感はいっそう高まっていったのです。

２０１０年４月には、Ｓ＆Ｐが同国格付けを一気にＢＢ＋という「ジャンク級」に引き下げ、機関投資家の間では「先進国のデフォルト」という悪夢の可能性がささやかれはじめます。長期金利は１ケタ台に収まり切らず、天井知らずのように上昇していきました。そして、ギリシャと軌を一にするように、アイルランドやポルトガル、そしてスペインやイタリアなどにまで不安が広がりはじめました。市場ではユーロ圏の財政問題を、こうした国々の頭文字をとって「**PIIGS問題**」と呼ぶようになりました。

そんな危機的ムードの中、EUはIMFを巻き込むかたちでギリシャ支援をまとめました。2010年5月に、EU、IMF、そしてECBという「トロイカ体制」（**図表11－1**）の下で、ギリシャに対する総額1100億ユーロにのぼる融資が決定されたのです。

しかし、その金融支援は、従来IMFが行ってきたような「民間による債権放棄で債務を返済可能な水準に落としたうえでの公的支援」ではありませんでした。理由は後述しますが、国家債務残高を残したままの中途半端なスキームだったのです。

結局は、市場の懸念を鎮静化することができずに、同国長期金利は40％近くにまで急騰し、市場では同国のデフォルトは避けられないという危機感が否応なしに高まっていったのでした。

2 ギリシャ投資はなぜ安易に進んだのか

債務削減が行われなかったギリシャの公的債務は、GDP比で100％を軽く突破し、資本の急激な流出による景気後退でGDPが縮小したことも手伝って、その数値は急速に拡大していました。新興国などがこうした危機に遭遇した場合の常套手段といえば、為替レートを大幅に切り下げ、経常収支の黒字化を通じて経済を安定化させる方策です。しかしギリシャは、ユーロという共通通貨を導入していたため、為替レート切り下げという手段は使えませんでした。

もっとも、**同国がユーロに加盟していたからこそ、経済基盤の弱い同国への資本流入が加速されて経済が表面的に安定していた、という点がそもそもの危機の発端**です。共通通貨の皮肉です。

ユーロが導入されるまで、ドイツやフランスの銀行や機関投資家が他国へ投資する際は、信用リスクと為替リスクの双方を管理する必要がありました。たとえば、ドイツの銀行がギリシャ企業の発行する社債を購入しようとすれば、その企業の財務とともに、ギリシャ・ドラクマという為替についても吟味しなければなりません。高金利とはいえ、為替レートが下落すれば金利差はすぐに吹き飛んでしまいます。

ところがユーロが導入された結果、為替リスクを懸念する必要はなくなりました。ドイツやフランスの投資家にとって、高金利のギリシャ国債などは「為替リスクゼロ、信用リスクゼロ」という願ってもない投資対象になったのです。同じ通貨を共有する国の国債がデフォルトすることなど、考えもしなかったのでしょう。

図11-2　09年末のギリシャの対外債務比率

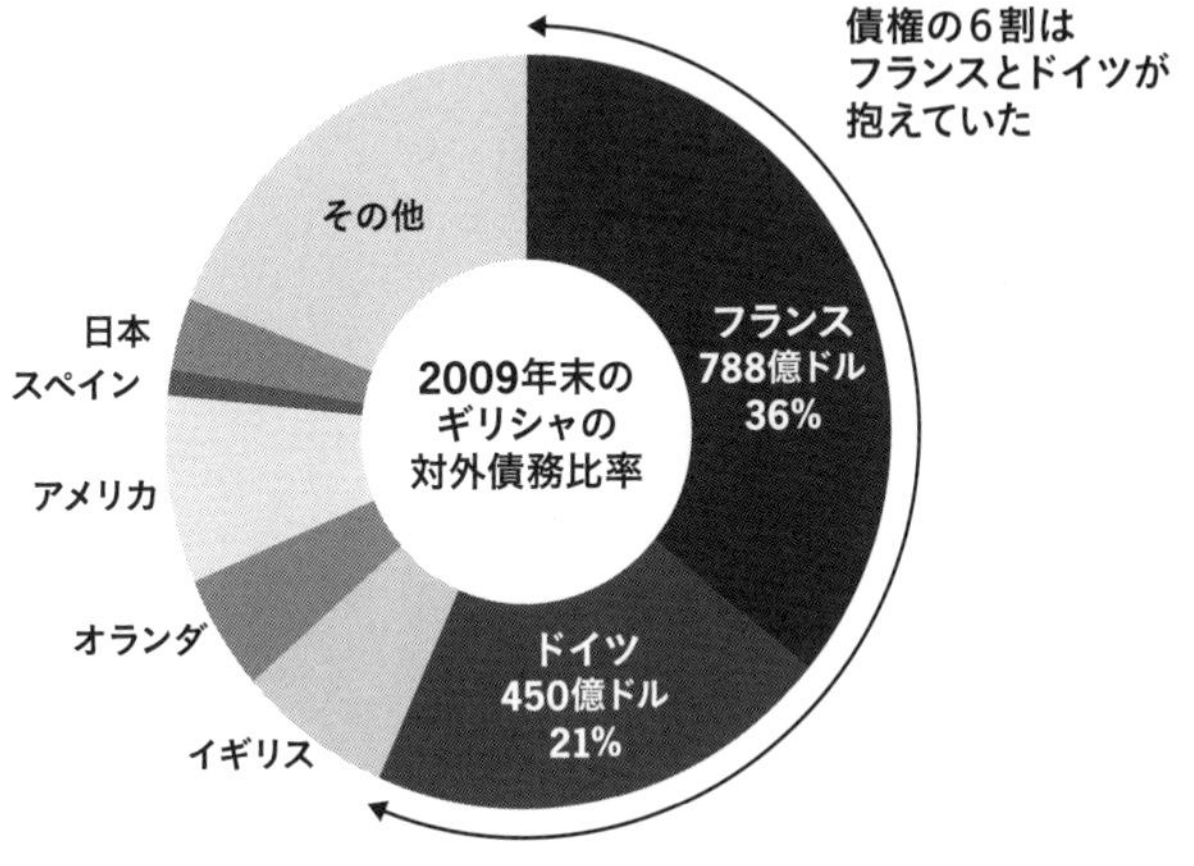

ギリシャの財政赤字の隠蔽が発覚した直後の２００９年12月末時点で、ギリシャが抱える対外債務２１７９億ドルのうち、フランスの銀行が約36％に相当する７８８億ドル、ドイツの銀行が約21％に当たる４５０億ドルの債権を抱えていたことが判明しました（ＢＩＳ統計による）。なんと**2国だけでギリシャ向けの60％近い債権を保有**していたのです（**図11－2**）。

　こうした状況が、ギリシャへの支援に関する民間債権放棄を難しくさせました。同国に、過剰公務員体制、徴税システムの不備、農業・観光依存の経済といった構造問題があり、財政再建にはきわめて困難な道程が予想されていたにもかかわらず、債権放棄の議論は円滑に進まなかったのです。

欧州には、ギリシャの債務再編を行えば、独仏両国の金融・経済が混乱するという懸念と、先進国のソブリン・デフォルトは、リーマン危機の影響が残る世界経済に新たな波乱材料をもたらしかねないという警戒心がありました。

しかし、2010年5月の支援では不十分であり、EUは再びIMFとECBと協議のうえ、2012年2月にギリシャに対する第2次支援を行うことになりました。その支援額は1300億ユーロと、初回を超える金額が設定されました。ただし、その前提として、もはや投資家による債権放棄を回避することはできませんでした。

結果、銀行を含む民間投資家は、保有するギリシャ国債に対して53・5%のヘアカットを要求されました。これにより、同国の公的債務残高を2020年までにGDP比120%以下に抑制するという前提で、第2次支援が決定しました。

メディアには「先進国の国債デフォルト」という文字が躍りましたが、経済的な諸条件に鑑みれば実際にギリシャが先進国かどうかは疑問もあり、また金融史上、同国がデフォルトの常連国だったこともよく知られていました。悪いことに、市場の注目は徐々に、ギリシャからスペインやイタリアといった経済大国の債務問題に移りはじめていたのです。

3 スペイン、イタリアへの波及

ユーロ圏の構成国は、２０１４年1月にラトビアが加盟したことでEU加盟28カ国のうち18カ国まで増えましたが（**図11－3**）、その経済力には最大のドイツから最小のマルタまで、大きな格差があります。GDPで計れば、両国には実に４００倍近くの差があるのです。

債務危機に陥ったギリシャの経済規模も域内では9番目であり、GDPシェアも2％程度でした。同国と同様に支援を受けることになったポルトガルやアイルランドはさらに規模が小さく、ユーロ圏の基盤が揺らぐという危機感にまでは発展しませんでした。

しかし、**債務危機がイタリアやスペインにおよぶとなれば、話は大きく変わってきます**。イタリアはドイツ、フランスに次ぐユーロ圏第3番目の、スペインは第4番目の規模を誇る経済国です。この4カ国で域内GDPの80％近くを生み出していたのです。

イタリアは以前から、慢性的な財政赤字国として知られていました。その公的債務のGDP比は、先進国の中では日本に次ぐ高さであり、ギリシャ危機が顕在化した２０１０年当時は、GDP比１３０％を超える水準となっていました。

図11-3　ユーロ圏18カ国（★）を含むEU加盟28カ国のGDP規模

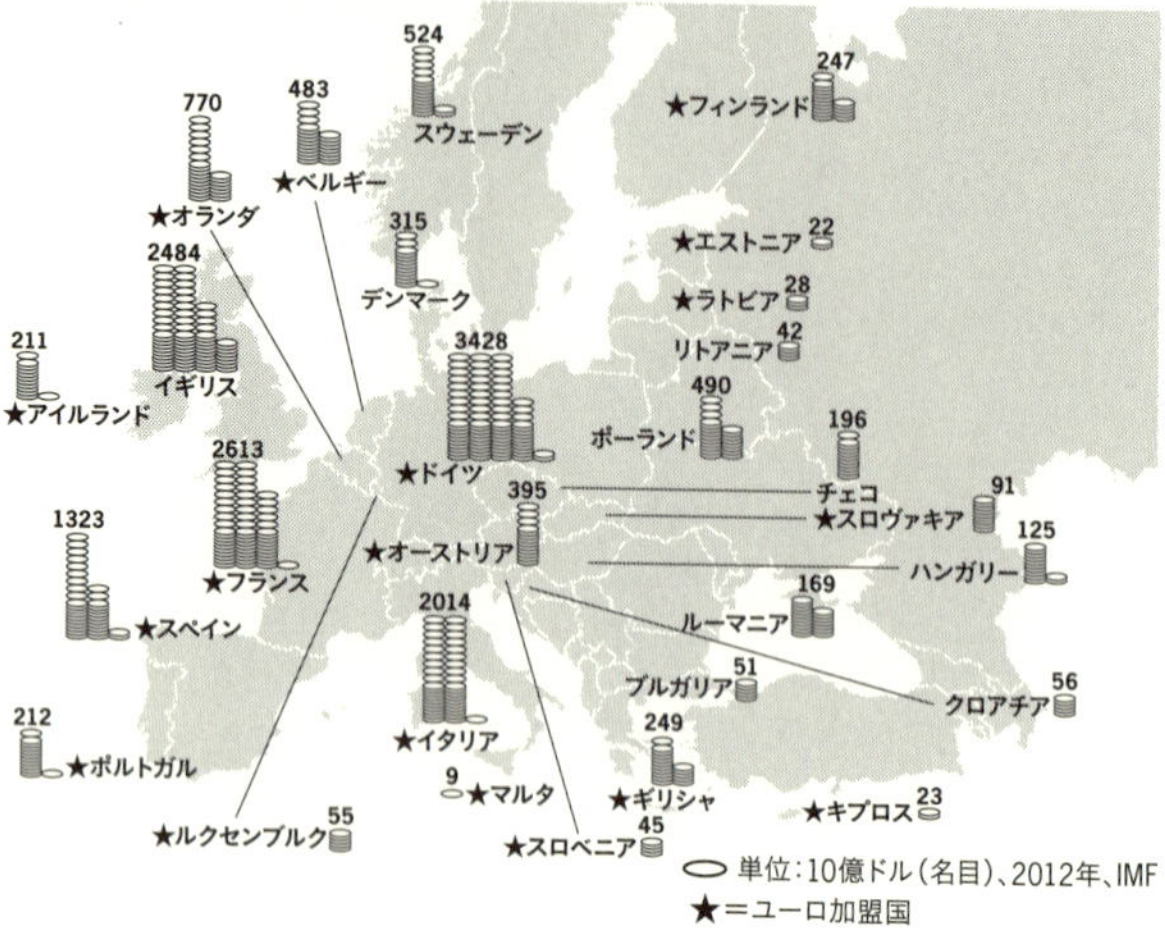

同国はプ*ライマリー・バランス（基礎的財政収支）こそ黒字を維持していましたが、長年にわたる国際競争力低下の下でも高賃金体質が続き、労働生産性は大きく低下していました。それが、ギリシャなどの債務危機を発端として、あらためて市場の注目を浴びたのです。

　また、スペインも同様に競争力が低迷する中で、不動産バブルによる表面的な景気回復感に浸っており、リーマン危機を契機として金融収縮が起こると、途端にその経済運営が行き詰まってしまっていました。

プライマリー・バランス
一般会計において、歳入総額から国債発行収入を除いた金額と、歳出から国債利払い・償還費を除いた金額とのバランスのこと。

アイルランドが不動産バブル崩壊で銀行危機に直面したのと同じように、スペインでも金融業が多額の不良債権を抱えることになったのです。スペインの場合はそれに加えて、債務過多の状態にあった自治州政府が中央政府に支援を要請するなど、追加的な重荷も発生していました。

ギリシャの第2次支援が合意された後、市場はイタリアとスペインの債務返済能力に疑問を抱きはじめ、両国の長期金利は7%台へと上昇しました。それは、公的支援を受けたギリシャやアイルランド、そしてポルトガルが歩んだのと同じ道筋でした。

EUにとって、この2国の財政破綻は共同体の崩壊をも意味します。 BISによれば、2009年末時点で、イタリアとスペインの官民合計の対外借入れはともに1兆ドル規模であり、ドイツやフランスにおいては、前者に対する債権保有比率は約60%、後者は約50%におよんでいたのです。

結局EUは、EFSF（欧州金融安定基金）というセーフティ・ネットを時限的に設立して、スペインを支援することを決定、イタリアは、2011年秋に退陣に追い込まれたベルルスコーニ首相の後任として就任したモンティ新首相の手に、経済改革が委ねられることになりました（EFSFの機能は2012年より欧州安定メカニズムに移管）。

しかし、こうした薄氷を踏むようなEUの危機対応が続く中で、**市場では「ギリシャのユーロ離脱」という観測が浮上しては消える**、という展開が続いていました。2度にわたる巨額の支援にもかかわらず、同国経済には明るい見通しがみえてこなかったからです。

大手金融機関のエコノミストからも「やはりギリシャは、ユーロを離脱して為替レートを大幅に切り下げるほかないのではないか」という意見がきかれはじめました。また、同国への支援に消極的だったドイツ国内では、不満や怒りの声が充満していきます。ユーロは、1999年1月の導入以来、最大の危機を迎えることになったのでした。

4 ユーロ崩壊危機を食い止めたドラギ発言

ギリシャは2度目の財政支援を受けたものの、そこで課された条件は、さらなる歳出削減など厳しい選択を同国に強いるものでした。深刻なリセッションが続いていた国内では、ついに国民の不満が爆発します。2012年5月の総選挙において、財政再建を進めてきた与党連合が惨敗したのです。

その選挙では、誰も組閣ができないという非常事態に陥り、翌月の再選挙によってなんとか歳出削減に反対する急進左派連合を排除した政権が樹立されましたが、その政治基盤は脆弱で、市場の「デフォルト懸念」や「ユーロ離脱懸念」を払拭することはできませんでした。

ギリシャがユーロ圏を脱して自国通貨のドラクマに戻すという見方は、2011年ごろから市場の一部で囁《ささや》かれていました。また逆に、ドイツがユーロ圏を脱退してマルクを復活させる、といったシナリオを描く向きもありました。ただしその時点では、単なる思考実験にすぎず、ユーロ崩壊を想定するほどの危機感は薄かったのです。

ところが、2012年に入ってから、ギリシャ国内にわき上がる支援拒絶ムードと、ドイツなどの反ギリシャ感情の高まりが、ユーロ崩壊確率を徐々に高めていきます。ギリシャでは、ユーロから脆弱なドラクマに切り替わることを恐れて、銀行預金を国内から海外に持ち出す動きが活発になっていました。

もっとも、**ユーロ離脱というのはそんなに簡単な作業ではありません。**ＥＵ27カ国が2007年に新たに調印したリスボン条約では、他国が強制的にある国を共通通貨制度から追い出すことができないことになっています。あくまで、ギリシャが自発的に離脱を宣言する必要があります。

ギリシャ国内には離脱賛成派は少なくありませんでしたが、新通貨移行となれば為替レートの急落で輸入コストが急増し、国民生活にしわ寄せがくる、という警戒感は強まりました。また、脆弱な通貨システムへの懸念から、資本流入が途絶えてしまうことも想定されました。

また実務的にも、無数に存在する既存のユーロ建て取引や契約などをどういう為替レートでドラクマに切り替えるのか、という煩雑な問題があります。新通貨制度のために、新紙幣や硬貨も準備しなくてはなりません。

そもそも、一度ユーロに加盟した国が離脱するということは、共通通貨の制度的な失敗を意味するものでもあり、できれば回避したいというのが欧州勢の本音だったでしょう。

かくしてギリシャ国内では、「ユーロは離脱したくないが、歳出削減も反対だ」という甘えた世論が形成されていきました。同国政権もその声を無視するわけにはいかず、ドイツやフランスなどもユーロ離脱による経済混乱を回避しようと、**ギリシャ問題は「時間をかけて解決する」という方向性での妥協に向かった**のです。

もちろん、市場には依然として不安がくすぶっていました。スペインやイタリアの長期金利はなかなか下落せず、ポルトガルにもデフォルト不安がつきまとい、ギリシャには依然としてユーロ離脱シナリオが語られつづけていたのです。

そこに大きな役割を果たしたのが、ＥＣＢのドラギ総裁（**写真**）でした。２０１２年７月27日に同総裁は「ユーロ圏を崩壊から守るためには何でもやる」と述べ、南欧国債をＥＣＢが買い入れる準備があることを世界に向けて宣言しました。

このひと言は、欧州市場の懸念を払拭しただけでなく、アメリカや日本の市場にも大きな転機となりました。**各国の政治家によるさまざまな発言よりも、ドラギ総裁のコミットメントこそが最大の気付け薬**となり、リーマン危機からユーロ危機という暗いムードに覆われていた世界の資本市場は、大きな山場を越えたのでした。

5 バズーカ砲も辞さないＥＣＢの決断

南欧諸国の債務問題やギリシャのユーロ離脱懸念に対し、ＥＵもただ手をこまねいていたわけではありませんでした。前述のとおり、２０１０年5月、ギリシャから他国への危機波及のリスクに対応しようと、ＥＵはＩＭＦの協力を得て総額７５００億ユー

マリオ・ドラギ（1947～）
ＥＣＢ（欧州中央銀行）第3代総裁。2011年に就任後、積極的な金融緩和政策を主導し、ユーロ危機には国債購入で対応する姿勢をみせるなど、ドイツなどの反対を押し切るかたちで非伝統的金融政策を推進している。

ロの支援パッケージを発表します。

これは、欧州委員会が調達し融資を行う600億ユーロの欧州金融安定化プログラム、ユーロ圏加盟国が経済力に応じて保証を行う4400億ユーロのEFSF、そして、IMFによる2500億ユーロの融資コミットメントという3本柱となっており、仮にポルトガル、アイルランド、スペインが財政破綻に陥ったとしても、その合計をカバーできる金額でした。

その中核を占めるEFSFは3年間の時限機関であったため、EUは恒久機関としての「欧州安定メカニズム」を設立し、これに支援体制が引き継がれました。ただし、その具体的運用方法に関しては、慎重な扱いを求めるドイツなど北部諸国と、柔軟な支援出動を求める南欧諸国とが対立するなど、**ユーロ圏における「南北問題」を浮き彫りにした**ことも特筆されます。

そうした分裂気味の政治情勢に、市場は本当にユーロ圏が危機的状況を乗り越えられるのかどうか、不安感や不信感を払拭することができませんでした。そこに、ECBのドラギ総裁のひと言が大きな安堵感を与えたのです。

同総裁の「何でもやる」発言の後、ECBは2012年9月の定例理事会で「国債買入*

れプログラム（ＯＭＴ）」と呼ばれるスキームを発表し、前述のＥＦＳＦや欧州安定メカニズムに付随する厳格な条件を適用することを条件に、流通市場で適宜国債を買入れる方針を表明しました。市場では、２００８年の危機の際に、当時のアメリカのポールソン財務長官が金融支援策を「バズーカ砲」にたとえたことを引き合いに出して、これを「欧州版のバズーカ砲」と呼んだりしました。

ＥＣＢは２０１０年5月に前述の支援パッケージと同時並走のかたちで、危機対応としての「証券市場プログラム（ＳＭＰ）」*と称する国債買入れを行っていました。それは南欧諸国の長期金利急騰という非常事態に対する緊急策であり、厳しい条件が適用されたＯＭＴとはやや異なる制度でした。

どちらも国債購入によって市中に流出した資金は吸い上げられ、「不胎化」（通貨供給量の変化を相殺）されたので、日英米が行った量的緩和とは一線を画すものでしたが、中央銀行による国債購入という点で、財政ファイナンスを忌避するドイツ連銀の逆鱗に触れたことは明らかでした。

ドイツには、１９２０年代ワイマール時代の忌まわしいハイパ

国債買入れプログラム（OMT）
Outright Monetary Transactions。2012年9月にECBが発表した、一連の条件の下で発動される国債買入れ制度。実際に支援要請を行った国や買入れの対象となった国はない。ただしドイツは、本制度がEU条約に抵触する可能性があるとして合憲性を疑問視している。

証券市場プログラム（SMP）
Securities Markets Programme。ギリシャのデフォルト懸念が高まった2010年5月にECBが導入し、流通市場での国債買入れを開始した。ピーク時（2012年2月）の買入れ残高は2200億ユーロに達したが、危機の収束にともなって同9月の政策理事会で買入れ停止を決めた。

ー・インフレの記憶が生々しく残っており、同連銀はインフレを誘う中央銀行による国債購入には徹底的に反対してきたのです。ですが、ＥＣＢは、そのドイツ勢の反対を押し切って、国債買入れに踏み切らざるを得なくなっていました。欧州不安を断ち切れるのは、もはやＥＣＢしかなかったのです。

実際に、ギリシャはユーロ離脱の瀬戸際に追い込まれていました。当初はドイツ連銀に理解を示していたメルケル首相も、同国のユーロ離脱はユーロ圏の失敗を意味するとの警告に耳を傾けざるを得なくなっていました。ＥＣＢの決断は、ドイツの政治的判断でもあったのです。

もっとも、**ＯＭＴでの「実弾」が放たれることはなく、市場の不安感は「バズーカ砲」の空砲だけで収束**しました。南欧国債の売りは収まり、ユーロは下げ止まって欧州の株式市場や不動産市場にも安堵感が広がっていきました。

それは日本市場にも波及していました。当時の野田政権が総選挙に踏み切った時点ですでに超円高時代も終焉に近づき、ドル円は80円台に戻って株価も底打ち地合いをみせはじめていたのです。**日本のメディアが「アベノミクス」と囃《はや》し立てはじめたころには、すでに世界の市場ムードは大きく反転**していました。

6 多難な財政統合への道程

ＥＣＢの決断によって、欧州債務危機とユーロ崩壊危機の最悪の事態は免れました。しかし、その国債買入れ政策に関しては、ドイツが条約違反との姿勢を崩さず、欧州憲法裁判所の判断待ちとなっています。それは、ＥＣＢがデフレ対策やユーロ高対策として、日英米のような量的緩和政策を検討する際においても、大きな壁となっています。

ユーロ圏の根本的な問題は、ユーロという共通通貨の基盤が脆弱なまま放置されていることにあります。それは、１９９９年のユーロ導入時にすでに指摘されていた「財政統合の欠如」という問題です。

「金融政策」はＥＣＢに統合されましたが、「財政政策」は依然として個別の国に委ねられています。結局、ギリシャ危機に代表される**南欧諸国の債務危機は、ユーロ圏として共通の財政政策が採用されていないことに起因する**ものでした。

市場不安のピークは超えましたが、本質的な問題が解決されなければ、将来的にユーロ危機が再燃する可能性は残ります。しかし、財政統合は一国の主権に関わる問題であり、そう簡単に合意できるものでもありません。

当たり前のようですが、日本の各県やアメリカの各州が同じ通貨を使っているのは、一国としての財政基盤を共有しているからできることです。ユーロ圏の場合、通貨は同じでもドイツやギリシャがそれぞれの国会で個別に予算を組み立てているのです。

当初は、加盟国の財政規律を厳密に縛る安定成長協定が、共通通貨を支える基盤になり得ると期待されていましたが、結局なし崩し的に遵守体制が崩壊し、危機を生むことになりました。この体制を強化すべく罰則規定が盛り込まれるなど、改革への議論は進んでいますが、決定的な補強となるかどうか疑問視する声もあります。

また、**域内の金融の安定化という意味では、早期に銀行の監督体制を一元化する必要**もあるでしょう。従来、EUでは各国金融当局がそれぞれの国内銀行の監督・監視を行っており、甘い検査体制が銀行におけるリスク管理の甘さにつながったことも否定できません。

この体制を修正するため、2012年末にはEU首脳会議において「**銀行同盟**」（**図11－4**）への設計図が合意されました。それは「単一銀行監督制度」「単一銀行破綻処理制度」、そして「共通預金保護システム」という3つの柱で構成されており、すでに前者の2つは実施段階に入っています。

図11-4　銀行同盟の主な施策

	3本柱の施策	実施予定時期
監督	単一銀行監督制度	2014年後半
破綻処理	単一銀行破綻処理制度	2015年1月
預金保護	共通預金保護システム	?

銀行同盟に関して注目すべきは、ＥＵが銀行危機への対応を、具体的にどのようにして行うのかという点です。従来は「ベイルアウト」と呼ばれる公的資金（すなわち、税金投入）で救済を図っていましたが、２０１３年３月にキプロスで起きた銀行危機を踏まえ、ＥＵはまず、社債権者や大口預金者に損失負担を求める「ベイルイン」へと舵を切ることになりました。破綻処理を行う際にも、まず「ベイルイン」で銀行当事者に負担を要請することになります。

アメリカでも、２０１０年7月に制定された金融規制改革（ドッド・フランク）法の中で、銀行に対する公的支援を禁止することが決定されました。こうした銀行問題に対する欧米の軌道修正は、世界的な金融システムの健全性や継続性を考えるうえで、きわめて大きなインプリケーションを持っています。

もっとも欧州に関していえば、財政統合や銀行同盟のプロセスもまだ初期段階にあり、今後再び綻びが生じる可能性があることは覚えておくべきでしょう。

第11章のポイント！

ユーロ危機：2010年1月に欧州委員会がギリシャの財政赤字の実態を公言し、ユーロの信用が低下したことを契機に起こった債務危機が、南欧諸国を中心に広がった一連の危機の連鎖のこと。

● ギリシャはユーロに加盟していたことで、資本流入が加速され経済が表面的に安定していた一方、為替レートの大幅切り下げ策が採れなかった。

● ギリシャの対外債務のうち、6割近くをフランスとドイツの金融機関が保有していたため、民間債権放棄が難しかった。2010年の支援でEU、IMF、ECBのトロイカ体制で総額1100億ユーロを支援したが、市場の懸念は鎮静化できず長期金利は上がりつづけた。このため、2012年に民間投資家の債権放棄を前提として1300億ユーロの追加支援が決まった。

● ギリシャは、支援の条件に課された歳出削減などにより深刻なリセッションが続き、政治基盤の弱さから、デフォルトやユーロ離脱が常に懸念されたが、ECBのドラギ総裁がユーロ圏を守るためなら「何でもやる」と南欧国債を買い入れる姿勢を示唆し、市場の懸念を払拭した。

● 現状も、南欧諸国の債務危機の主因である「ユーロ圏として共通の財政政策が採用されていない」状態は続いており、ユーロ危機再燃の可能性は残る。

解説コラム

量的緩和策あれこれ

市中に流通するマネーの量を拡大させる量的緩和政策は、日本銀行が世界で最初に導入しましたが、その後FRBや英中銀も同様の政策を採用しました。ただし、同じように「量的緩和」といってもその手法は各国で微妙に異なります。日銀が2001年に最初に行ったのは、当座預金の残高を増やして、民間銀行の貸出増への意欲を盛り上げようとするものでした。一方で、FRBが2008年に行ったのは、モーゲージ担保証券などの債券を市中から購入するものであり、当初FRBはこれを「信用緩和」と呼んでいました。

FRBはその後、長期国債をも買入れの対象とします。そして英中銀は、長期国債のみを量的緩和政策の対象として、買入れを開始しました。また日銀は、国債だけでなくCPや社債、REITなどの民間債券を購入する「資産買入等の基金」を設定し、広範囲に資産を買入れて、市中に資金を供給したのです。ただしこの基金は2013年に廃止され、より巨額の国債買入れを行う方針へと転換しています。

第12章
終わらない フラジャイル・ワールド
次なる震源地はどこだ?

2012年	12月	第2次安倍政権スタート、アベノミクス相場が本格化
2013年	4月	日銀の黒田総裁が「異次元緩和」を発表、日経平均急上昇
	5月	バーナンキ・ショックで株価が急落、長期金利が上昇
	6月	FOMC会見でバーナンキ議長が緩和縮小を明言し、特に新興国市場でリスク・オフの動き強まる
	11月	ウクライナがEU加盟作業を停止
	12月	ウクライナで親ロ路線に反発する市民デモ勃発
2014年	1月	中国である信託商品が利払い困難に、政府が元本保証
	3月	中国の太陽光パネル大手の社債がデフォルト
	6月	イラク第2の都市モスルを、スンニ派過激組織のイスラム国(IS)が制圧、政権を主導するシーア派とスンニ派、クルド族と3分裂リスクが高まる

1 2013年5月22日 バーナンキ・ショックが新興国を直撃

ＥＣＢのドラギ総裁による「何でもやる発言」や、日本の安倍首相が打ち出した〝3本の矢（大胆な金融政策、機動的な財政政策、民間投資を喚起する成長戦略）〟による「アベノミクス」、そしてアメリカの「ＱＥ３（量的緩和第3弾）」を通じた長期金利押し下げ政策が奏功し、２０１３年の各国における資本市場は「リスク・オン」と呼ばれるリスクテイク・ムードに覆われて、株などリスクの高い資産への投資が積極化していました。

アメリカでは、常に金融緩和政策の出口戦略が意識されていたものの、物価上昇率は緩慢で、雇用市場も完全に回復していないとみられ、ＦＲＢが軌道修正に動くのはまだ先だろうという慢心も漂っていました。そこに冷水を放ったのが、当時のバーナンキＦＲＢ議長（**写真**）です。

ベン・バーナンキ（1953〜）
第14代ＦＲＢ議長。２００６年に就任、金融危機への対応としてゼロ金利政策や量的緩和政策を進めた。その大胆な緩和策は、景気回復に貢献したと評価される一方で、資産バブルを生んだとの批判にもさらされている。

２０１３年５月22日は、ＦＲＢ議長の議会証言が予定されていた日でした。市場には「ＱＥ縮小」を懸念する声もありましたが、直前まで金融当局者の発言は景気の不透明感を示すものが大半であり、議長証言に対する警戒感はそれほど強くありませんでした。実際に、その証言内容にも新味はなかったのです。

ただし、**質疑応答の際に議長が「今後数回のＦＯＭＣ（米連邦準備公開市場委員会）で、債券購入ペースを落とすことがあり得る」と述べたことで市場ムードは一転**し、株価は急落して長期金利が２％台へ急上昇しました。その津波は日本市場にも押し寄せ、日経平均は一気に前日比１１４３円の暴落となって、長期金利も１％台へと急騰しました。ドル円も、１０３円台から１０１円台へと急落したのです。

市場が疑心暗鬼に陥る中、ＦＲＢの軌道修正への方向性がさらに明確になったのが、６月19日のＦＯＭＣ後に行われた記者会見でした。その席で同議長は「年末までに量的緩和縮小を開始する可能性がある」と明言し、２０１４年半ばまでにＱＥ３が終了するシナリオを描いてみせたのです。

市場では、５月の議会証言のときと同様の「リスク・オフ」の動きが強まりましたが、今回は特に新興国市場において、きわめてネガティブな反応が生じました。アメリカの金利が上昇局面に入れば、これまで比較的高金利での運用が可能だった新興国市場からドル

図12-1　新興国への資金流入

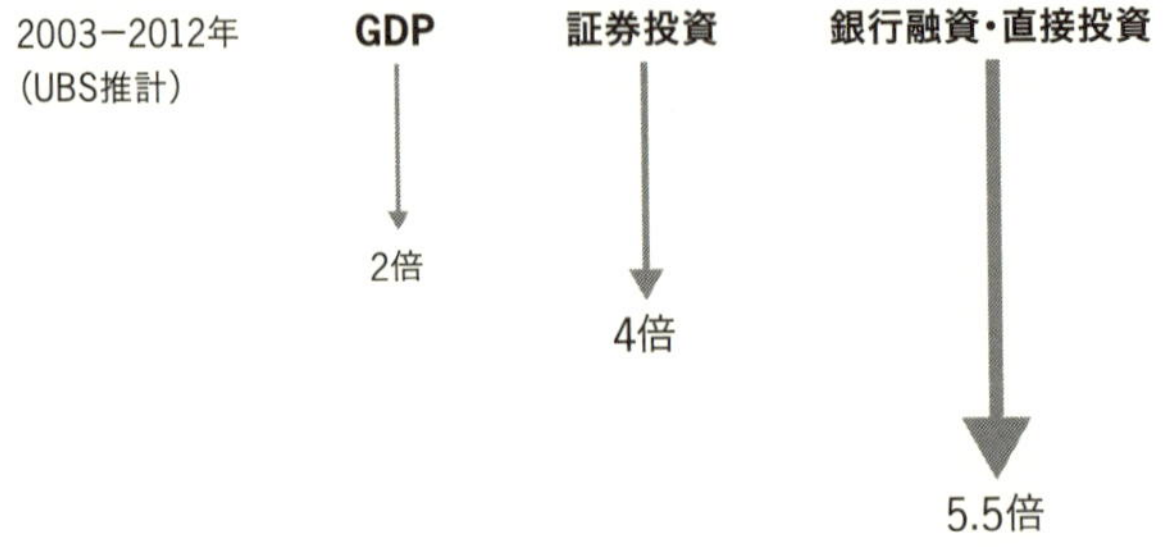

資金が流出してアメリカ市場に還流する、という見方が強まったからです。

２００８年の危機以降、新興国は先進国に代わって世界経済の牽引役として高いＧＤＰ伸び率を維持してきましたが、その成長を支えていたのは、新興国に流入していた海外資本でした（図12－1）。それが途絶えれば、新興国経済の成長路線が行き詰まってしまいます。しかし「新たな獲物」を狙う投機筋は、容赦なく新興国に襲いかかりました。

市場に狙い撃ちされたのは、新興国の中でも財政赤字、経常赤字といった赤字構造を抱え、ＧＤＰ比でみる対外債務が比較的大きい国々でした。具体的には、ブラジル、インド、インドネシア、トルコ、南アフリカの5カ国であり、総称して「**フラジャイル・ファイブ**（Fragile Five：脆弱な5カ国）」と呼ばれ、為替市場でこれらの通貨が急激な下落に見舞われました。

このうちブラジルとインド、そして南アフリカは、中国とロシアとともに「BRICS」と呼ばれ、新興国経済の躍進を代表する国として評価されていた国々です。ちなみに中露の2カ国は経常収支が黒字であり、対外債務も比較的低水準であったことから、投げ売りの対象になりませんでした。

5月から6月にかけての「バーナンキ・ショック」は市場心理を急転させ、脆弱な新興国経済を窮地に追いやりましたが、アメリカの金融政策が、自国の経済運営を中心に考えていることは以前から周知の事実だったはずです。ドルに依存する経済体制の脆さを露呈したという意味では、第2章の累積債務問題、そして第8章の新興国経済問題でみられたのと、ほぼ同じ現象が繰り返されたにすぎなかったのです。

2 新興国問題を再考する

2013年の新興国危機は、外国資本に依存している点で、確かに過去の危機の時代と似ているところがありました。特にドル建て資本は、アメリカの金融政策の修正で一気に流れが変わる、という構造も同じでした。そこには「新興国経済の基盤は依然として脆弱だ」という資本市場の認識が通奏低音のように流れていたのです。

しかし、1990年代とは明らかに異なる部分もありました。たとえば、外貨準備の金額です。ブラジルの外貨準備高は、1993年当時の約300億ドルから2013年には約3735億ドルと12倍以上の規模となっています。インドは約100億ドルから2685億ドルに、トルコも63億ドルから1056億ドルにまでそれぞれ増加しました。

これは1990年代の危機を教訓に、**自国通貨を守るための防衛手段として外貨準備の積み上げを図ってきた**結果でした。豊富な外貨準備は、対外負債を返済するうえで十分な体制にある、という市場へのアピール手段にもなりました。

また、**自国の為替レートが固定相場ではなく変動相場制に移行していたことも、大きな相違点**でした。すでにみてきたように、1980年代や1990年代の新興国の通貨危機は、長期的に維持不能な為替相場水準を固守しようとして失敗したことが発端でした。現在、多くの新興国は変動相場制を適用しているために無理な介入を行う必要がなく、逆に為替水準の急落が輸出部門を支援するという機動性をも持っています。

経常赤字は新興国経済につきものの弱点ですが、為替調整や競争力向上、資源需要などの要因に支えられて、アジア諸国やロシアなど多くの新興国では1990年代より経常収支が改善傾向にあることも、相違点のひとつに挙げられます。

図12-2　商業銀行と投資銀行の業務の違い

ファンド分類	運用規模	運用形態
ミューチュアル・ファンド	15兆ドル	個人などから広く小口の資金を集めて運用する。 日本の投資信託に似ている。
ヘッジファンド	3.0兆ドル	自己資金に加え、機関投資家や富裕層からも資金を調達。 裁定取引や派生商品を利用して積極運用する。
プライベート・エクイティ・ファンド	3.0兆ドル	投資家から中長期資金を集め、主に経営再建・企業再生を目的とした運用を行う。
ソブリン・ウェルス・ファンド	6.1兆ドル	石油など資源収入を利用して政府主導の下、資産運用を行う。 中東、アジアなどの地域に多い。

＊運用規模はいずれも業界推定値

ただし、1980～90年代と現代を比較した場合、**新興国経済にとって強い逆風となる「重要な相違点」は、資本市場における構造変化**です。以前は資産運用といえば、ミューチュアル・ファンド（オープン型投資信託）や保険・年金といった機関投資家が主流でしたが、現在の投資家層は多種多様化しています。

たとえば、1990年代にようやく注目を浴びるようになったヘッジファンドは、今や世界の市場を先導するほどの影響力を持ち、その資産規模は約3兆ドルに達しています。また、中央銀行や政府機関が外貨準備や石油代金などの積極的な運用を手がけるソブリン・ウェルス・ファンドも、6兆ドル規模に膨らんでいます（**図12－2**）。

新規参入組の中には、借入れをともなうレバレッジ運用を行うファンドも少なくありません。

これらがすべて「投機的だ」と決めつけるわけにはいきませんが、投資家の多様化が投機的な動きを高めていることは間違いありません。ただし、投機を規制によって過剰に抑制すれば、市場流動性が失われるリスクがあります。投機的な売買が「いつでも買えて、いつでも売れる」という市場構造を支え、長期的・安定的運用のための価格インフラを提供していることは否定できないのです。

そんなパラドックスを内包する資本市場の下では、ある新興国市場に対する投機的行動が、連鎖的に他の新興国市場への売り圧力となってあらわれるような「飛び火リスク」がつきまといます。２０１３年に起きたのはその典型例です。

また、**ＥＴＦのように先進国向けに開発された運用商品が新興国市場にも導入され、短期売買を通じて、必要以上に相場の振幅を増幅させている**ことも見逃せません。新興国市場は基本的に長期運用の対象となるはずですが、こうした市場構造の変化によって、短期的マネーの圧力にもさらされることになったのです。

3 市場が敏感に反応する地政学リスクの台頭

ある地域が抱える政治的・軍事的な緊張関係が、世界中の金融・資本市場に影響を与えるという「地政学リスク」の代表例は、中東諸国をめぐる原油問題でしょう。原油価格は、常に世界経済への波乱材料であり、リスク資産の売りと安全資産の買いを誘ってきました。たとえば、1990年8月にイラクが突然クウェートに侵攻して原油価格が急騰した際には、日本でも長期金利が急上昇するなど、市場は大混乱に陥りました。

また、2001年9月に発生したアメリカでの同時多発テロ事件は、全世界に衝撃を与えると同時に、為替、株式、債券、商品などあらゆる市場を恐怖で包み込ました。その後のアメリカによるアフガニスタン攻撃、イラク攻撃などの展開に際して、当時のグリーンスパンFRB議長が、こうした不確実性をともなう状況を「地政学リスク」と説明したことから、市場にもこの表現が定着しました。

そもそも「地政学」は、地理的関係が国際的関係にどう影響するかを研究する分野であり、市場経済に限定されるものではありません。しかし、今日の市場では、原油価格に関

図12-3　主な地政学リスクのある国・地域

する問題だけでなく、北朝鮮の核ミサイル問題、ウクライナの内戦、イランの核開発問題、イスラエルのガザ地区攻撃、日中間の領土問題などが「地政学リスク」（図12－3）として認識され、そこにわずかでも不透明感が生じると、市場は敏感に反応する傾向が強まっています。

地政学リスクが浮上すると、市場には「リスク・オフ」や「安全資産への逃避買い」といった動きが顕著にみられます。具体的には為替市場での円買い、スイス・フラン買い、国債市場での米国債買い、株式市場での一斉売り、といった取引です。

ここでは、2014年に浮上してきた

図12-4 ウクライナの周辺地図

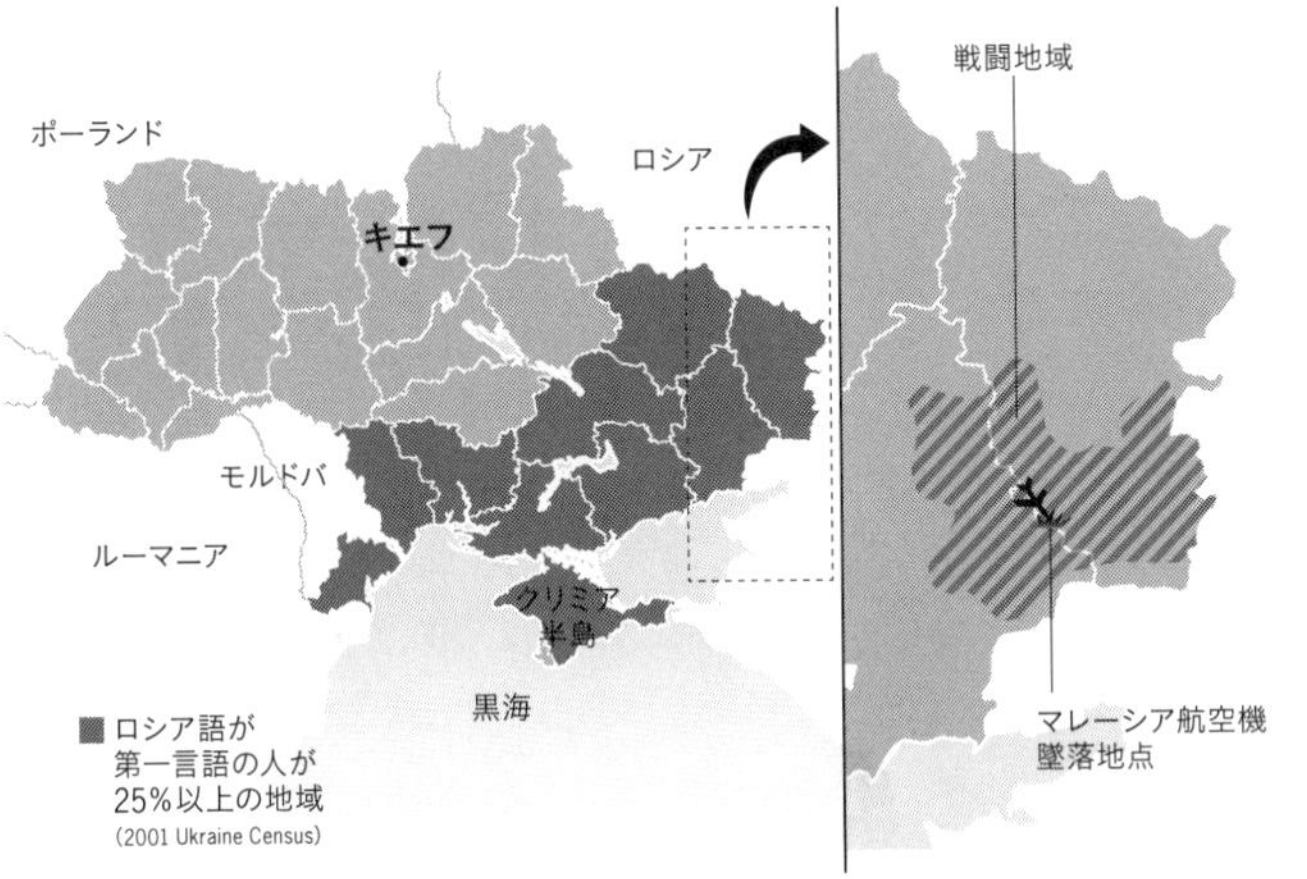

2つの地政学リスクを概観しておきましょう。ひとつ目はウクライナの内戦、そして2つ目はイラク分裂の危機です。

ウクライナ（**図12－4**）は1991年の独立以来、西欧指向の西部とロシアに近い東部の対立関係が続いていましたが、2013年に親ロ派政権がEUとの協定調印を見送ったことが契機となって、親欧米派や民族主義者、そして右派グループなど野党勢力が結集して反政府運動が起きました。

政府軍との武力衝突が激化する中で、最高議会はヤヌコビッチ大統領を解任、同大統領はロシアへ逃亡します。これに対してロシアは軍事介入を開始し、クリミアを編入するという事態に発展しました。反発する欧米諸国は、マレーシア航空機の撃墜事件を契機に厳しい対ロ経済制裁に踏み切るなど、実体経済や資本市場に対して少なからぬ影響をおよぼすことになりました。

ただし、このウクライナ問題を、唐突に生じた「現代的なリスク」ととらえるのは正確ではありません。ロシアの動向からわかるように、これは**冷戦が完全に終結していなかったことを示す**ものです。西欧諸国は、ソ連崩壊や中東欧諸国の独立を「冷戦終結」と解釈しましたが、実際には、執拗なまでに安全保障に関わる問題意識がロシアに残っていたのです。そして同国が発信するメッセージの波長に中国が同期しようとしていることも、あわせて留意しておくべきでしょう。

さらに、ヤヌコビッチ大統領解任の背景として、前述した「バーナンキ・ショック」による新興国通貨売りがウクライナにも飛び火し、同国債が投げ売りの憂き目にあってロシアに助けを求めた、という金融市場の影響も見逃せません。それがEUとの連合協定締結の見送りにつながり、大統領失脚、クリミア問題、そして内戦激化というプロセスを呼び込んだのです。

また、イラク分裂の危機（図12－5）も、イラクとシリアにまたがる「イスラム帝国」を樹立しようとするスンニ派の過激派組織である「イスラム国（IS）」によるテロ攻撃

図12-5 イラクの周辺地図

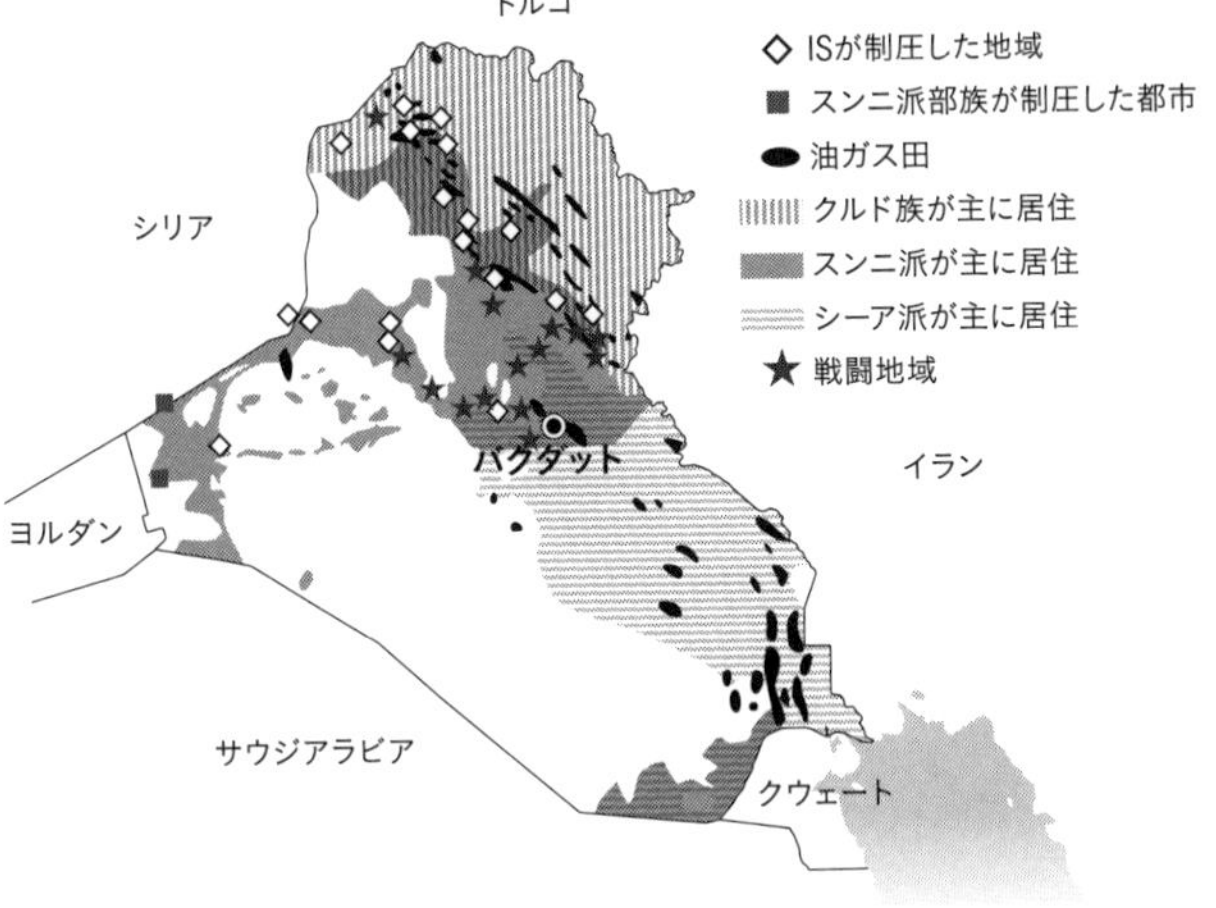

出所：各種資料をもとにJOGMEC作成（2014年8月20日時点）

と報じられ、政権を主導するシーア派とスンニ派、そしてクルド族の3民族にイラクが分離するリスクが指摘されてきました。

この問題も単なるテロ攻撃ではなく、第1次世界大戦後に中東地域で相次いだ独立国家や国際秩序を認めずに、イラクも含めた国家概念を破壊しようとする政治運動です。つまり、これもまた「現代的なリスク」ではなく、相当に根の深い中東リスクのひとつの表面化にすぎないのです。

この**2つの地政学リスクは、ともに2つの世界大戦を経て成立した西欧型レジームの中で醸成されたマグマから噴出したもの**です。すなわち、特に目新しいリスクではありませんが、それだけに同様の対立や紛争は他地域でもいつでも起こり得ます。そしてその意外性や突発性は、常に市場経済や資本市場を不安定にさせるのです。

4 中国リスクで本当にこわいのは何か？

安価で豊富な労働力と広大な土地を生かし、「世界の工場」として鉄鋼から繊維まで多種多様な製品の輸出大国になった中国は、2009年にドイツを抜いて輸出総額で世界一となり、2013年には輸出入総額でアメリカを抜いて首位に立ちました。

2008年のリーマン危機で世界が急激な需要の落ち込みに直面した際、中国政府はGDPの15％に相当する約4兆元の財政支出を行って内需の下支えに出動し、世界各国から称賛を浴びたことも記憶に新しいところです。

しかし、その後の中国経済の発展は、建設事業など「投資」に大きく依存しており、確かに鉄鋼生産やセメント消費などを通じて目先のGDPは拡大してきましたが、その結果として国内の至るところにゴースト・タウンが造成され、投資は将来の果実を生まないケースが少なくないことが徐々に判明してきました。

そうした開発プロジェクトは、地方都市が主導して行う例が少なくありませんが、地方自治体は借入れが禁じられています。したがって彼らは、みずから金融会社を別途設立して社債を発行し、調達した資金で建設事業を進める手法を利用するようになりました。しかし、事業計画性もなく開発に投じられた資金はリターンを生み出しませんから、社債の元利金を支払う原資があるのかどうか、不安が募ります。

また、そうした建設プロジェクトを支えるエネルギー企業や不動産企業などへの**ファイナンスの多くが、「理財商品」*や「信託商品」と呼ばれる、規制対象外の「シャドー・バンキング」（後述）を通じて行われていた**ことも明るみに出ました。規制金利の下で低金利運用を強いられる個人投資家などが、10％前後の利回りが稼げる投機的運用商品に殺到していたのです。

こうした商品も、企業経営が思わしくなくなればデフォルトします。理財商品や信託商品は、銀行の商品と思われがちですが、銀行は弁済責任を負っていません。実際に、2014年1月にはある商品のデフォルトが決定的となりました。

事態を重視した中国政府は、デフォルト回避を支持し、水面下でこのデフォルトを食い止めましたが、同年3月には同国の太陽光メーカーが社債利払い不能に陥り、中国初の社債デフォルトが

理財商品と信託商品
中国で取引されている高利回りの資産運用商品。理財商品は、銀行が組成して販売する小口の個人向けの運用商品。信託商品は、信託銀行が組成する富裕層向けの運用商品。シャドー・バンキングの代表例。

発生しました。

その後、中国政府は混乱を防ぐためにデフォルト発生を極力回避しています。ただし、それは**市場原理の封じ込めでもあり、問題を先送りするだけ**のことです。これは、中国金融システムが、いずれ世界的な危機の原因になり得ることを暗示しています。

市場には、中国の公的債務残高がＧＤＰ比70％と先進国と比べて低いので、大きな問題にはならないという見方もありますが、民間債務の状況をみればそうした楽観も許されません。２０１４年時点で、イギリスのシンクタンク「オックスフォード・エコノミクス」は、中国銀行全体の不良債権はＧＤＰ比15～20％にまで達している、と推計しています。公式発表の不良債権比率は１％程度ですが、これを信じる市場関係者はほとんどいません。

中国の不良債権の深刻度は、１９９０年代の北欧や日本などの状況とほぼ同じと推測されます。同国政府はできる限りその「真実」を隠そうとするでしょう。実際に１９９０年代にも、中国は不良債権の実態を公表しないまま、水面下で処理しました。

けれども、今日の中国経済や金融システムの規模は、当時とはまったく次元が違う大きさであり、何か不信感や不透明感が生じれば、ただちに世界経済や国際資本市場に影響が出ます。中国資本の大手銀行も内外市場で上場しており、株主に黙って問題を処理することも許されません。

同国では、各地域で住宅価格が下落しはじめ、不動産販売件数が減少に転じるなどの動きがみられます。つまり、少しずつですが秩序感の乏しい中国金融の綻びが表面化していることは、もはや無視できないリスクとして警戒すべき時期にきています。

5

中国に限らないシャドー・バンキングの影

シャドー・バンキングとは、前述のように規制の対象となっている商業銀行以外の金融セクターによる投融資を指します。「バンク」と区別される金融は「**ノンバンク**[*]」と称されることが多いですが、その**甘い規制の下での金融仲介機能が、シャドー・バンキング**と呼ばれるようになりました。国際的な視野でみれば、中国のみならず欧米市場でもこのセクターが「次の危機の火種」になる可能性が浮上しています。

シャドー・バンキングの全体像を知るうえで最も参考になるのが、2013年11月に金融安定理事会（FSB：Financial Stability Board）が公表した調査結果です（**図12－7**）。この報告書は、

ノンバンク
預金を受け入れる銀行免許を持たず、与信業務を行う金融会社。信販会社やクレジットカード会社など個人向けと、事業金融会社やリース会社といった事業向けに大別される。

図12-7　巨大に成長したシャドー・バンキング

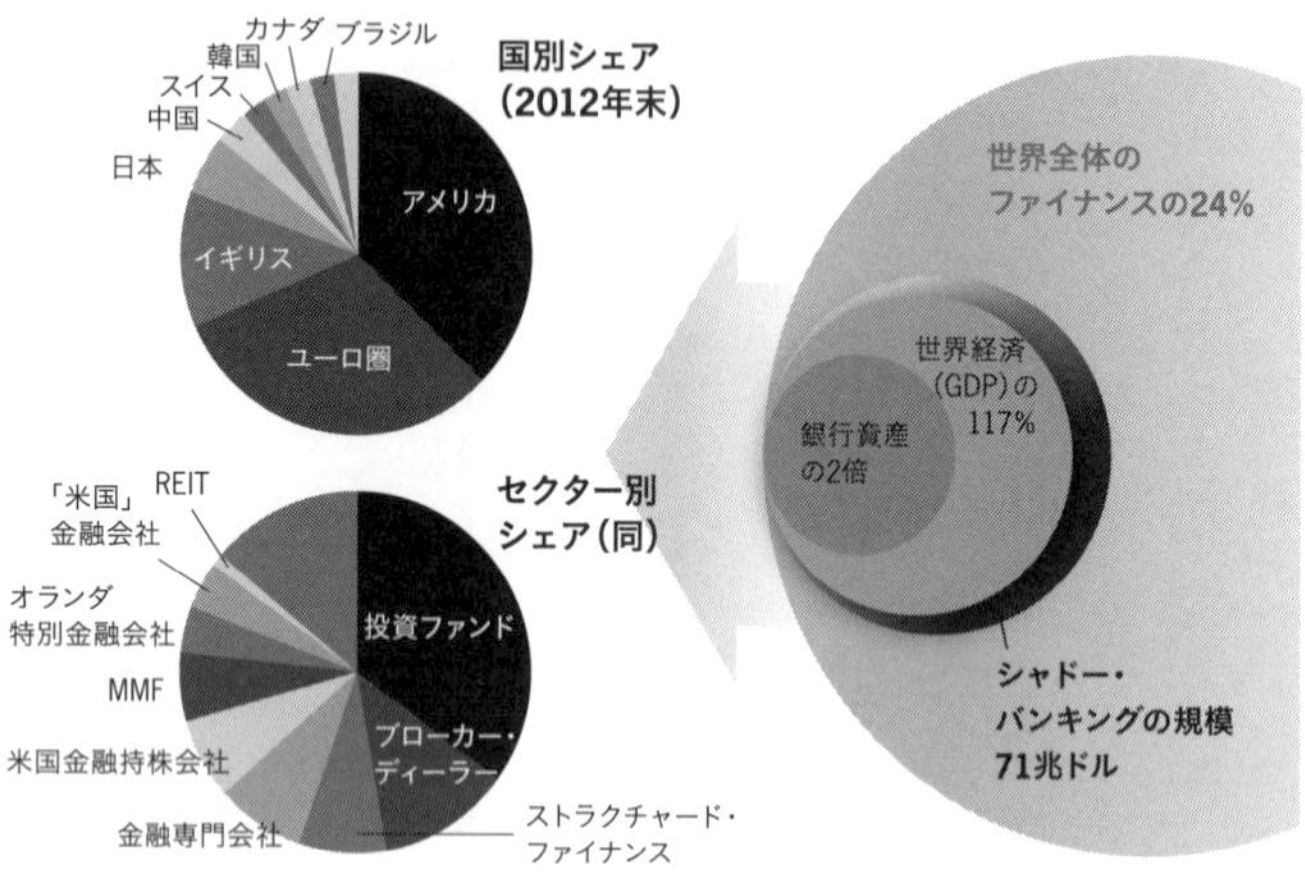

2012年末時点における世界の約90%の金融資産を対象にしたデータに基づき、「ノンバンク」が行う金融仲介の世界的な規模を約71兆ドルと推定、これを「保守的にみたシャドー・バンキングの代理数」とみなしています。しかし、ヘッジファンドなど正確な捕捉が難しいセクターもあり、すでに100兆ドルを超えているという見方もあります。

71兆ドルという数字は、世界全体のファイナンスの24%程度であり、銀行資産の約半分で、世界経済（GDP）の117%に相当するものです。リーマン危機以降の傾向として、商業銀行の活動が頭打ちになる一方、シャドー・バンキングの勢いが増しているのです。

セクターとして最も大きなシェアを占めるのは、残高が21兆ドルに達する「投資ファンド（MMFやヘッジファンドを除く）」の35％であり、7兆ドルの「ブローカー・ディーラー」が12％でこれに続きます。また、ストラクチャード・ファイナンス（SFV）と呼ばれる特殊な運用会社が5兆ドルで8％、その後に金融会社、MMF、REITなどが続いています。

国別でみれば、アメリカの26兆ドルが最大で、ユーロ圏が22兆ドル、次いでイギリスの9兆ドル、日本の4兆ドルです。2011年のシェアと比べれば、アメリカが35％から37％へ上昇しているのに対し、ユーロ圏やイギリス、日本は1～2％シェアが落ちており、中国が2％から3％へと上昇しています。

今日**シャドー・バンキング問題が注目されているのは中国ですが、最大の規模を抱えるアメリカの実態も見過ごせません。**アメリカの銀行が融資シェアを落とす中、今や資本市場の影の主役といってもいいほどの役割を果たしているのが、融資や社債投資などに深く参入しているプライベート・エクイティ・ファンド（PEファンド）やヘッジファンドです。

こうした新たなセクターの金融拡大は、市場補完としては高く評価できます。しかし、ファンド勢の台頭は2007～2008年の危機の教訓を踏まえて銀行がバランスシート健全化を進めた結果であり、規制の甘い別の業界にリスクを移転しただけ、ともいえます。資本市場の観点からすれば「危うさの構造がより見えにくくなった」という印象も拭《ぬぐ》えません。

成長機会を求めつづけるためには企業への安定的な信用供給ルートが必要ですが、それぞれ資産規模が約3兆ドルまで拡大した**PEファンドやヘッジファンドは、個別の金融機関や特定の市場のリスクが金融全体に波及するという新たなシステミック・リスクを伏在しているの**です。

資本システムを補完するシャドー・バンキングをすべて悪者扱いするのは間違いですが、その一部で、常に一攫千金を狙う投機的な資金が暗躍しているのは事実です。投機筋はずっと以前から存在しますが、今日のその資産規模やスピード感は、10年前と比べ物になりません。

銀行規制の強化により以前のような金融危機の連鎖はないともいわれます。しかし、以前とはケタ違いの市場影響力を持つようになったシャドー・バンキングが、金融緩和の波に乗って資産バブルを引き起こす可能性は消えてはいないのです。

バーゼル委員会や各国金融規制当局は、複雑化した銀行業務への規制導入で精一杯です。激しい銀行からの反論にも応えなければなりません。しかし、それは国際金融の世界の半分のフィールドでしかありません。一方シャドー・バンキングでは、常に目先の利益を求めるマネーが動き回り、中央銀行も翻弄されかねない状況にあります。幾多の危機を経て、ついに市場が「永遠の安定」を確保した、とはとてもいえない状況にあるのです。

6 中央銀行リスクが増大している

2008年のリーマン危機の後、FRBはゼロ金利に加えて国債やモーゲージ担保証券を購入する量的緩和政策を導入、英中銀も国債を買い入れる量的緩和を実行しました。ECBは史上最低水準にまで政策金利を引き下げ、日銀も「資産買入れ基金」の設立から「異次元の金融緩和」に至るまで、大がかりな緩和策を導入してきました。

こうした政策が、実体経済の回復にどれほどの効果があったのか、各国専門家の間でも意見の分かれるところです。ただし、**株価や不動産価格などリスク資産の価格を大幅に上昇させた**ことは、ほぼ世界的なコンセンサスとなっています。

株価や住宅価格の上昇が消費増を誘う「資産効果」を狙ったことは、FRBのバーナンキ前議長や英中銀でチーフ・エコノミストを務めるハルデイン理事らが率直に認めています。安倍政権が放った3本の矢の「第1の矢（金融緩和）」の目的はデフレ対策とはいいつつも、株価を持ち上げて景況感を高める、という意識があったことは事実でしょう。

しかし、株式市場の活況で期待感を高揚させながら成長力の根源を強化していく、という目論見で導入された金融緩和が、なかなか出口に向かうことができずに長期化することで、金融市場や企業経営に緩和政策へ過剰に依存するような安易なムードが醸成されています。特に**厄介なのは、資本市場や不動産市場にみられる資産バブルの兆候**です。

イギリスでは都心部を中心に住宅価格が急上昇しており、その影響はドイツなどにも波及しはじめています。またアメリカでは、ジャンク債（投機的格付け社債）、レバレッジド・ローン（低信用力企業への融資）、証券化市場、地方債市場などの「クレジット」と呼ばれる市場で、資産価格が大幅に上昇し、リスク・プレミアムが急低下しています。

日本でも2012年秋以降株価は急騰し、不動産市場も活況となってきました。資産価格が割安に放置されがちな日本では、まだ「バブル」とまでの表現は当たりませんが、物価がある程度上昇しているのになかなか追加金融緩和への期待が消えないことは、「日銀依存症」が強まっている証左でしょう。

時間を買うはずの金融政策が、「金融緩和によって、以前のような経済成長率を取り戻せる」という誤ったメッセージを人びとに与えている側面は否定できないのです。また、金融緩和で上昇した資産価格が調整されることなく金利の正常化が始まる、といった幻想を市場に抱かせていることも事実です。

実際に利上げ時期が迫ってくれば、のんびり構えていた投資家が債券市場から一斉に逃げ出す「投げ売り」が始まる可能性もあります。従来は、投資銀行がそうしたパニック売りを吸収する機能を請け負ってきましたが、規制強化で自己売買*が制約されている現状、受け皿としてのパワーはなくなってしまいました。

アメリカでの債券売りは欧州へ、そして日本へ、と波及する可能性があるのです。日本の国債市場は、日銀による大量購入で、事実上機能が停止しています。そこに「大量の売り」がくれば、民間の受け皿はないも同然です。日銀もすでに財政ファイナンス*に抵触しそうな状況にあり、買い余力には限度があります。最悪のケースは、日本の財政不安をともなって、長期金利が2～3％台へと急騰するシナリオです。

麻生財務相は「国内で国債が消化されている限り、国債に問題はない」と述べたことがありますが、そこには何ら市場的説得力

自己売買
証券会社や銀行が、みずからの勘定で株式や債券、為替などの取引を行うこと。

財政ファイナンス
「国債のマネタイゼーション（貨幣化）」とも呼ばれ、国の発行した国債等を中央銀行が直接引き受けることで、財政赤字を補填すること。政府の財政規律を失わせるとともに、通貨の増発に歯止めがかからなくなって、悪性のインフレを引き起こす恐れがあるため、先進国では中央銀行の国債引き受けを禁止しており、日本でも財政法第5条で原則禁止している。

はありません。市場経済を救おうとした中央銀行が、今後は市場経済のリスク要因となり得ることに、私たちはもっと敏感でなければならないのです。

以上のように、**今日の世界経済や資本市場は、いくつもの時限爆弾が埋まっている「フラジャイル・ワールド」**と形容することができます。２００８年以降は、各国中央銀行による強力な金融緩和政策が、さまざまなリスクを封じ込めてきましたが、アメリカをはじめとして金融政策の正常化という「出口戦略」の方向性が明確になった以上、これまでの「中央銀行が何とかしてくれる」という甘い期待感は捨てなければならなくなるでしょう。

そして、世界各地で観測されはじめた地政学リスクは、ウクライナ問題に代表されるように、単発型の政治・軍事現象というよりも、日米欧の市場主義経済と、ロシアや中国などの国家資本経済との対立という新たな構造対立に姿を変えはじめた印象も受けます。

つまり、現在の私たちは、**超金融緩和時代の終焉とポスト冷戦時代の終焉という2つの巨流が、一気に交差する局面に立たされている**のです。そうした中で、将来には、今までにはなかったパターンの危機が起きる可能性があります。そこで、すでに巨額の公的債務を抱えた政府や、大量の国債を購入してしまった中央銀行を頼みにできるかどうか、疑問もあります。

ただし、第1章からみてきたように、資本主義をベースとする市場経済は、過去たびたびの危機に直面してはその都度厳しい状況を乗り越えてきました。本来、民間経済にはそうした力が備わっているのです。いつかどこかで危機が起こることを完全に防ぐことはおそらくできないでしょうが、必ず解決の道があることは、金融史が教えるところでもあります。悲観でも楽観でもなく、経済や金融の現実をしっかりと見据える目を養うことが、健全な成長を生み出す原動力だといえるのではないでしょうか。

第12章のポイント！

バーナンキ・ショック：アメリカが金融緩和縮小を表明してリスク・オフの動きが強まると、投機筋は財政収支や経常収支が赤字で対外債務比率の高い新興国に襲いかかり、「フラジャイル・ファイブ」と呼ばれるブラジル、インド、インドネシア、トルコ、南アフリカの通貨が急激に下落した。

- ２０１３年に再び危機に見舞われた新興国が１９９０年代より改革していた点は、自国通貨を守るため外貨準備を積み上げていたこと、為替レートが固定でなく変動相場制だったこと、経常収支が改善傾向にあることなど。ただし逆風となった環境変化として、投資家層が多種多様化して、資本市場に構造変化が起こり、相場の振幅が増幅されやすくなっていた点がある。
- ある地域が抱える政治的・軍事的な緊張関係が、世界中の金融・資本市場に影響を与える「地政学リスク」が高まりやすくなった。同リスクが高まると、「リスク・オフ」や「安全資産」への逃避買いが顕著となり、日本円やスイス・フラン、米国債の買いや、株式市場での一斉売りがみられる。
- 規制の対象となる商業銀行以外の金融セクターによる投融資「シャドー・バンキング」が拡大の一途にあり、理財商品や信託商品で注目された中国のほか、最大のシェアを占めるアメリカの実態も注視が必要である。

おわりに

中世の欧州に「資本」を動力とする経済システムが産声を上げてから約1000年にもおよぶ壮大な歴史からみれば、本書で取り上げた出来事は、本当に短い期間に起こったことと言わざるを得ません。

しかしながら、その短期間にこれほどまでの大激震が何度も世界の経済を襲ったという事実は、特筆すべきことでしょう。ただ、私たちは危機が通り過ぎると、その原因を深く追及しないまま、惨事を忘れ去ってしまったり、制度上の問題を放置してしまったりすることも少なくありません。

それは、危機が何度も繰り返されることの裏返しでもあります。たとえば、新興国問題が一定の間隔で発生しているのは、その典型例でしょう。市場経済が素晴らしいシステムであることは疑いを入れませんが、完璧ではないのも事実です。それを補強するのが、金融史を学習する目的といってもいいかもしれません。

今日では、資本主義の終焉や経済成長の終焉といった悲観的な論調も増えていますが、それはあまりに短絡的な思想ではないでしょうか。危機の影響を最小限にとどめ、新たな成長機会を見つけることが、私たちに課された宿命ではないかと筆者は考えています。そのためにどこに視点を置くべきかを、金融史から読み取っていくことも必要でしょう。

本書の第12章の一部は、日経ビジネスオンラインに掲載された文章を、修正のうえ使用しています。掲載をご了承いただきました同社にこの場を借りて御礼申し上げます。

また本書の企画は、ダイヤモンド社書籍編集局の柴田むつみ氏からご提案いただいたものです。同氏には、文体から構成、用語解説、年表作成そして写真の手配まで、何から何までお世話になりました。本書が読みやすい内容になっているとすれば、すべて同氏の作業のおかげだと、最後に付言しておきたいと思います。

倉都康行

写真資料の出典・所蔵

p 2	ニクソン	AP／アフロ
p 7	ケインズとホワイト	IMF
p37	ボルカー	ロイター／アフロ
p42	ベイカーとブレイディ	AP／アフロ
p54	レーガン	Universal Images Group／アフロ
p81	グリーンスパン	アフロ
p118	ソロス	REX FEATURES／アフロ
p165	マハティール	ロイター／アフロ
p169	スハルト	ロイター／アフロ
p172	スティグリッツ	ロイター／アフロ
p175	エリツィン	Kaku Kurita／アフロ
p189	シラー	ZUMA Press／アフロ
p195	小渕	Fujifotos／アフロ
p206	ブッシュ親子	ロイター／アフロ
p245	ドラギ	AP／アフロ
p256	バーナンキ	ロイター／アフロ

［著者］
倉都康行（くらつ・やすゆき）
1979年東京大学経済学部卒。東京銀行（現三菱UFJ銀行）の資本市場部、ロンドン現地法人などに勤務後、バンカース・トラスト、チェースマンハッタンの資本市場部門日本責任者などを歴任、チェース証券会社東京支店長を務めた後、2001年4月にRPテックを設立し代表取締役（現職）に就任。日本金融学会会員。専門は金融市場リスク分析。2005年まで中央大学大学院経済学研究科客員教授、2015年まで立教大学経済学部専任講師。預金保険機構の買取審査会委員、金融庁の意見申出審理会委員などを務め、現在は山陰合同銀行社外取締役、国際経済研究所非常勤客員シニア・フェロー、セントラル短資FX監査役、産業技術大学院大学内のグローバル資本システム研究所所長などを兼務。NHK「BSマネーワールド」や「クローズアップ現代」などにコメンテーターとして出演。
主な著書に「相場を科学する（講談社ブルーバックス、1992年）」「『金融工学』講座（PHP研究所、2000年）」「金融史がわかれば世界がわかる（ちくま新書、2005年）」「投資銀行バブルの終焉（日経BP、2008年）」「危機の資本システム（岩波書店　2018年）」など。金融情報として「デイリー・マネタリー・アフェアーズ」「世界潮流アップデート」なども執筆・配信中。

12大事件でよむ現代金融入門

2014年10月17日　第1刷発行
2023年10月27日　第4刷発行

著　者——倉都康行
発行所——ダイヤモンド社
〒150-8409　東京都渋谷区神宮前6-12-17
https://www.diamond.co.jp/
電話／03·5778·7233（編集）　03·5778·7240（販売）
装丁デザイン—石間淳
図表————うちきばがんた
DTP————桜井淳
本文デザイン—布施育哉
製作進行——ダイヤモンド・グラフィック社
印刷————信毎書籍印刷（本文）・新藤慶昌堂（カバー）
製本————ブックアート
編集担当——柴田むつみ

ISBN 978-4-478-02854-4